走下歷史舞台之後

世界史ウソみたいなその後

歴史は、語られない“ラスト”が面白い

世界史裡忘了講的結局

歷史之謎探討會——編著

譯——黃健育

【前言】世界史的「然後」最有趣！

說到「世界史」，往往讓人想到國高中需要死記硬背的科目。不僅涉及區域廣泛，又有大量年號與不熟悉的人名事件。不少人背不起來而飽受折磨，覺得世界史十分無聊。

教科書上的世界史當然不有趣，因為最耐人尋味的世界史都在「然後」。例如——

・美國首任總統華盛頓卸任後成為農場主人，卻在巡視農場時得了感冒，死於草率的放血治療。

・全球暢銷書《唐吉軻德》的作者塞萬提斯，因低價讓出版權，最終貧困而死。

・諾貝爾獎得獎者居禮夫人喪夫後，因不倫風波遭受抨擊。

種種令人驚奇的故事皆收錄在本書當中。當然，這些都是教科書裡找不到的。國高中世界史不好的人還請務必一讀，更要盡情享受箇中趣味。

目錄

第1章 顛覆印象！「英雄、偉人」出人意料的然後／13

第2章 竟有這種事情……「歷史事件」不為人知的然後／55

第3章

果然異於常人！「天才們」打破常識的然後

91

第5章

與作品之間的反差才有吸引力!? 打破「作家、藝術家」巨匠形象的然後 ／ 163

第6章

直到最後都不能錯過！「荒唐名人」震撼全世界的然後

第1章

顛覆印象！「英雄、偉人」出乎意料的然後

美國首任總統華盛頓失血而死

目前美利堅合眾國憲法規定，美國總統只能連任一次。這條法令最早起於首任總統喬治．華盛頓。

雖然華盛頓是精於政務的優秀總統，卻對權力不怎麼執著。他原本無意續任，不過最終還是做滿兩任八年才卸職。自那以來，「總統職最多當兩任」形成一種慣例，日後更立法明文規定。

卸職後，華盛頓回到故鄉維吉尼亞州的農園，選擇當個農場主人度過餘生。據說他在任時就有這種想法了。

「如果往後不會再有人突然上門求助，我和妻子想完成這二十年來未竟的心願，自己決定晚餐要吃什麼。」

華盛頓之所以有此感觸，恐怕是因為總統的職位令他不太自由吧。

不過悠然自得的農園生活並未持續太久。

返鄉約兩年半後，一七九九年十二月十二日，這天華盛頓用過早餐，便騎著馬巡視農場。然而過程中卻開始降雪，不久水氣形成冰雹，最後下起了雨。

下午三點回到家中時，家人要華盛頓趕緊換掉濕衣服，可是他不願延誤晚餐的時間，就這樣穿著濕衣服入座。畢竟他是個自律守時的人。

隔天醒來後，華盛頓喉嚨發疼，似乎得了咽頭炎。症狀逐漸惡化，到了晚上，病情越來越嚴重。凌晨兩點，華盛頓在強烈的惡寒中醒來。擔心不已的妻子本想找人幫忙，卻被他阻止了。顧慮到妻子感冒剛好，他堅持要她留在溫暖的房間裡。

結果隔天早上祕書發現時，華盛頓已經奄奄一息。等待醫生到府的期間，農場的男監督官做了「放血」的應急措施，把「壞血」排出體外。

當時普遍認為放血可有效緩解疾病症狀，華盛頓對此也深信不疑。以當時的常識來看，這種做法十分正常。

想當然耳，華盛頓的病情毫無起色。醫生抵達時，華盛頓也不得不做好一死的覺悟。

「我已經活不久了，讓我靜靜地死去吧。」

這麼說完，當晚華盛頓就嚥下了最後一口氣。

華盛頓的死因眾說紛紜。有人認為是咽頭炎併發了肺炎，也有人認為是失血過多所導致。以一般體重的成人為例，只要流失兩公升的血液便足以致命，華盛頓的放血量卻達三公升以上。

雖然華盛頓是體重超過九十公斤的彪形大漢，但流失了這麼多血，也足以致死了。

「印度國父」甘地晚年要裸女陪睡

聖雄甘地是眾所皆知的「印度偉人」，同時以「非暴力不合作之父」及「印度國父」之稱聞名。不過相較於本人，大眾對他的普遍印象可能太聖人化了。實際上，甘地更有人味得多。

甘地於一八六九年出生時，印度仍是英屬領地。十八歲時，甘地前往倫敦學習法律，之後在英屬南非聯邦當執業律師。當時南非盛行種族隔離政策。由於經歷過這個時代嚴重的歧視，甘地才渴望印度脫離英國獨立。

甘地年輕時其實很平凡，不僅打破印度教吃肉的戒律，還因為一時好奇抽菸，連買菸的錢都從傭人的錢包裡偷。

雖然不少人都有過年少輕狂的日子，但甘地個性卻相當內向。他不擅於跟人交談，在多人出席的聚會上甚至無法發言。第一次接到律師的工作時，聽說他還因為腦袋一片空白，中途逃出了法庭。

此外，他的性生活方面也跟常人無異，說不定還比一般人更「愛好此道」。有個小故事就提到了這點。

甘地十三歲便依循印度的習俗成婚，然而十六歲時，他的父親罹患重病。期間甘地片刻不離地照顧父親，直到叔父來接手，要他稍事歇息。

回房後，甘地喚醒妻子做起了那檔事，可是此時卻傳來父親過世的消息。甘地為強烈的罪惡感所苦，遂發誓禁慾。然而實際執行是在三十六歲的時候，在那之前，他已經有了四個孩子。

甘地晚年過著杜絕所有性行為的禁慾生活，不過這裡有個問題。某位弟子出面表示，甘地每晚都找年輕女性陪睡。

聽說偶爾還一絲不掛地緊貼著彼此。

一開始甘地予以否認，可是在眾人的追問之下，他竟辯稱自己在做「禁慾實驗」。無論如何，這習慣確實很奇怪沒錯。

一九四八年，德里的集會活動結束後，一名男子站到甘地面前，朝他開了三槍。

男子屬於印度教基要派，不滿甘地過度偏袒伊斯蘭教。

甘地緩緩倒下，手貼著額頭，喃喃唸道：「喔喔，神啊。」在伊斯蘭教中，這動作意指「寬恕你」。甘地就這樣遇刺身亡，享年七十八歲。

南丁格爾自克里米亞返國後，臥病在床長達五十年

以青少年為主要讀者群的偉人傳記讀物中，總是少不了南丁格爾。她志願投入克里米亞戰爭的看護活動，被譽為「克里米亞的天使」。晚年更獲頒功績勳章，成為第一位享有這項殊榮的女性。

不過意外的是，她參與克里米亞戰爭其實不到兩年。那麼克里米亞的生活情況又是如何呢？

一八五四年，南丁格爾至斯庫台（現今土耳其）的英國陸軍醫院赴任。當時光一、二月就有三千名士兵喪命，主要死因為赤痢、凍傷、壞疽等等。

醫院的衛生狀態極度惡劣，淨水中混入了野外廁所的汙水，地板下的汙水溝裡滿是屎尿及動物屍骸。在這般可怕的衛生狀態下，死於傳染病的士兵反倒比戰死沙場的人要多出好幾倍。

南丁格爾在這裡擔任三十八位女性看護的「監督官」，相當於現場指導護理師們的護士長。當然，她本身也投入了看護工作，有時一天連續值勤二十個小時，還曾染上熱病，三天三夜徘徊於生死交關。

儘管身心遭受嚴酷摧殘，南丁格爾仍在收容了超過一萬名士兵的醫院內，持續關懷每一位患者，她的情操確實值得流傳後世。

戰爭結束後，南丁格爾回到了倫敦，可是家人見到她都嚇壞了，因為她看起來比實際年齡三十六歲要蒼老得多。

回國沒多久，南丁格爾的身體開始出現各種毛病，包含失眠、發燒、食欲不振……最後幾乎下不了床。醫生診斷為「操勞過度造成的脊椎瘀血」。

即使如此，她仍發揮旺盛的精力，蒐集許多數據，彙整成統計資料，更展現政治手腕，透過人脈，敦促官僚和國會議員改善陸軍的衛生管理。她也因此被後人譽為「統計學的先驅」。

順帶一提，她也是最早以視覺表現的方式，將單純的統計數據繪製成圓餅圖或直條圖的人。

雖然南丁格爾留下許多輝煌的成就，但直到一九一〇年以九十歲高齡過世前，長達五十年的後半生幾乎都在病床上度過。

其實「脊椎瘀血」只能解釋一部分的病情。現代認為她可能長期為ＰＴＳＤ（創傷後壓力症候群）所苦，而且接近臨終前也出現了阿茲海默症的症狀。

南丁格爾關於看護的相關著作至今仍廣為流傳，不過除了照顧眾多士兵的經驗外，書中恐怕還包含了自身接受看護的經驗吧。

亞歷山大大帝死於醫療疏失？

雖然世界史上出現過許多強大的掌權者，但被稱為「大帝」的，頂多就只有卡美哈梅哈和亞歷山大吧。

亞歷山大二十歲繼承了馬其頓王位。當初馬其頓只是位於現今希臘北部的小國，卻在「東方遠征」時，將領土擴展至波斯、埃及，甚至印度的一部分，從此躍升成大帝國。然而西元前三二三年，率領著希臘馬其頓聯軍的亞歷山大大帝突然於巴比倫驟逝，得年三十四歲。

亞歷山大大帝是怎麼死的呢？

根據記載，那天亞歷山大大帝遭蜜蜂螫傷，當晚便在宴會上不支倒下，之後連續十天高燒不退，衰竭而死。這樣看來，死因可能跟蜜蜂螫傷有關。

不過光是這樣還很難蓋棺論定。據說亞歷山大大帝當晚暢飲了六公升的紅酒，喝得酩酊大醉。隔天他突然感到身體不適，發起了高燒，最後連起身都有困難。

亞歷山大大帝就這樣趴在地上，他喚來部下，詳盡交代了阿拉伯遠征的相關指示，不久後，他的意識開始模糊，甚至口吐囈語，最終在發燒十天後過世。

因此，也有人認為亞歷山大大帝的死因是熱病。從高燒不退的症狀看來，瘧疾說顯得格外有說服力。考慮到當時行經沼澤地帶，也有可能感染了藉由蚊蟲傳染的西尼羅熱。

此外，掌權者的猝死往往擺脫不了毒殺的疑慮。

也就是宴會上飲用的紅酒可能摻有毒物。最大的嫌犯是部屬安提帕特。由於他兒子伊奧拉斯負責統籌酒宴，要下毒並非難事。不過毒殺幾乎都是當場死亡，最久也會在二到三天內斷氣，連續發燒十天實在太不自然了。

於是有人提出了醫療疏失的說法。

經過連連征戰，亞歷山大大帝早已精疲力盡，又在戰場上受了傷，縱情豪飲當然會搞壞身體。醫生為他開了當時普遍用於治療的白藜蘆，只是，大量攝取白藜蘆反而會有毒性。

為了重返現場指揮，亞歷山大大帝希望能盡快治好……所以醫生逐漸加重白藜蘆的藥量。

這樣看來，亞歷山大大帝顯然是死於醫療疏失，不過現在也難以釐清真相了。

腓特烈一世在遠征途中墜河溺死

在神聖羅馬帝國悠久的歷史當中，許多強者曾登上王位。假使現在進行人氣票選的話，腓特烈一世應該還能打進前五名吧。

雖然腓特烈這個名字曾多次出現在世界史上，但這裡指的是一一五二年成為神聖羅馬帝國皇帝，別名「巴巴羅薩」的腓特烈一世。

順帶一提，在義大利文中，巴巴羅薩意指「紅鬍子」。該暱稱源自本人濃密的紅色鬍子，取義大利文的音譯也很合乎他的形象。

腓特烈一世最知名的事蹟是頻繁入侵義大利，將領土擴展至德國境內、奧地利，以及勃艮第。

可是義大利遠征及政策卻未必稱得上成功。腓特烈一世不僅與教皇對立，遭開除教籍，而且即使拚盡全力，也未能順利將以米蘭為中心的北義大利各都市納入掌控，導致最後政局無法翻轉。

不過腓特烈一世長相俊俏，體格壯碩結實，與肖像畫如出一轍，當時就已經很受歡迎了。記載中還盛讚「腓特烈一世性格爽朗沉穩，一見過就忘不了他的風采，正是最適合當皇帝的人選」。

可惜腓特烈一世最後並非在戰場上光榮捐軀，而是墜河溺斃。

一一八九年，腓特烈一世以總司令官的身分參與第三次十字軍東征。在依科尼雍一戰中獲得豐碩的戰果，正準備趁勝追擊的時候，他卻跌進奇里乞亞（現今土耳其南部）的薩勒夫河中溺死了。

當時的詳細情況並未流傳下來。可能是騎馬渡河時被摔跤的馬兒甩了出去，又因為穿著盔甲而無法起身，或是沖涼引發了中風，再來則是慣例的暗殺說。

腓特烈一世卒年六十七歲，所以也不能排除是河水太冷導致休克死亡。看來人實在不能不服老呢！

曹操生前搜刮陪葬品充當軍費，死後自己也遭盜墳

一直以來，《三國志》都是膾炙人口的題材。儘管橫跨的時間不長，僅限西元一八〇年到二八〇年之間的短短一百年，然而提到中國歷史故事時，最先想到的一定是它。

雖然明朝已有基於史實改編成小說的《三國演義》，但自從吉川英治的小說問世後，陸續又出現各種漫畫、遊戲、電影等等，將登場人物的特質描繪得栩栩如生，這也是其人氣居高不下的理由之一。

而在《三國志》裡，曹操這個角色尤其獨樹一格。雖然曹操反派形象強烈，卻有不少隱性支持者鍾情於他的才能及冷靜宏觀的性格。

在曹操的帶領下，魏國擁有比蜀吳兩國更為強大的兵力，然而一開始戰力卻總是遠遠少於敵軍。即使如此，曹操還是連戰連勝，不斷擴展勢力，獲得廣大的領土，顯

見他十分精明能幹。

曹操確實有冷酷的一面。他不僅在徐州屠殺眾多百姓，還殺害了幫過自己的朋友呂伯奢，更處死被譽為名醫的主治醫生華陀。這些舉動常人著實難以理解。

不過換個角度來看，那也算是「排除私情的合理判斷」。事實上，曹操的確不拘泥於家世和過往，只要是有才之人，哪怕對方批評過自己的祖先，他也照用不誤。此外，他更熱中於發掘人才，時常要求下屬不計品德，盡量推舉人選。

據說曹操還曾挖墳盜寶，挪充軍費之用。這也算是一種經濟學上的金錢流通概念，與其讓有價值的東西繼續在地底下沉眠，不如拿出來疏通活用。

西元二二〇年，英雄曹操於六十六歲時病逝，然而他的陵墓所在之處始終下落不明。

時間一口氣跳到一九九八年，中國河南省發現了一尊小碑石。那是後趙時代無名武人的墳，可是墓誌銘上居然記載了曹操陵墓的位置。

循記述展開調查後，在某田園地帶的地底下發現一處人造空洞。至此終於找到了曹操的陵墓。

然而在正式挖掘之前，盜墓集團早已聞風而至，把陪葬品搜刮一空。生前挖墳斂取軍費的罪人，死後終也自食惡果。九泉之下的曹操恐怕也只能苦笑了。

愛吃甜食的伊莉莎白一世死於蛀牙

相較於貧困的家庭，出生在有錢有勢的王公貴族家總是幸福多了吧。不過世間並沒有這麼單純。

伊莉莎白一世為亨利八世與二王妃安妮・博林所生，然而她才兩歲半就失去了母親。由於生不出男性繼承者，亨利八世憤而以通姦罪處死了安妮・博林。之後伊莉莎白更被剝奪公主稱號，以涉嫌謀反的罪名遭到幽禁，上半輩子充滿了辛酸波折。當國王的女兒也不好過呢。

直到一五五八年姊姊瑪麗去世，王位才落到自己頭上。聽聞消息時，伊莉莎白曾用拉丁語說：「我看見了奇蹟。」

二十五歲即位後，伊莉莎白統治英國達四十年之久。不過當時英國尚未與蘇格蘭合併，嚴格來說，她只是英格蘭王國的公主。包含威爾斯在內，人口也才三百萬人左右。相較於有一千五百萬人口的法國，以及八百萬人口的西班牙，英國不過是個小小的島國罷了。

然而伊莉莎白憑藉著高超的外交手腕，逐漸壯大了英國。

當時最有效的外交方式是聯姻。基於政治考量而從奧地利嫁到法國的瑪麗·安東尼就是個好例子。

二十五歲即位時，伊莉莎白依然年輕貌美，自然也有不少人上門提親。她巧妙地利用這點，既不正面拒絕，也不給予承諾，始終保持模稜兩可的態度。

伊莉莎白就這樣與周邊強國維繫良好的關係，終生未曾婚嫁，因此又有「童貞女王」之稱。她曾說過這麼一句舉世聞名的話：「我嫁給了國家。」

她最大的功績就屬擊敗了西班牙的無敵艦隊。可說正是因為大敗當時號稱最強的西班牙軍，英國才跨出了海洋帝國的第一步。

畢生奉獻給政治的伊莉莎白，平時嗜吃點心排解壓力。她從小喜歡甜食，登上王位後，偶爾也吃蛋糕或布丁取代正餐。

為了讓日漸泛黃的牙齒恢復亮白，伊莉莎白做了當時流行的「牙齒美白」，將牙齒表面研磨後抹上硝酸。結果牙齒變得越來越脆弱，反而無法避免蛀牙。

一六〇三年，伊莉莎白一世於七十歲時辭世。據說當時她幾乎沒有牙齒，僅剩少數黑牙。死因應是細菌入侵蛀牙引發了敗血症。

政治名人邱吉爾戰後獲頒諾貝爾文學獎

某英國企業曾舉辦「全球CEO尊敬的領袖」票選，榮登第一名的正是溫斯頓．邱吉爾。身為在第二次世界大戰中帶領英國贏得勝利的首相，至今他依然深受愛戴。助長人氣的要素包含鬥牛犬般的親切風貌、戴著黑禮帽比出勝利手勢的形象，另外也少不了高超的演說口條。

「我能奉獻的只有熱血、辛勞、眼淚和汗水。」

「完美主義終將一事無成。」

邱吉爾擅於掌控人心，留下許多朗朗上口的名言。

不過邱吉爾並非從小就如此能言善道。他天生患有口吃，為此吃過不少苦頭。後來自力克服困難，這才成了演講名家。

順帶一提，日本知名演講者田中角榮兒時同樣為口吃所苦，最後靠著吟誦浪花曲克服了結巴的問題。

邱吉爾過去曾在演說中大出洋相。一九〇四年，邱吉爾在下議院發表演說，卻在講到最高潮時突然失語。當時他驚慌失措地摀著臉坐下，好不容易才低聲擠出一句「謝謝」。

其實邱吉爾家有憂鬱症病史，不少人因憂鬱症早逝。

雖然主要死因為梅毒，但傑出的政治家父親倫道夫也在四十五歲時精神失常而死。邱吉爾一直很害怕自己會步上父親的後塵。

自從那次演說後，邱吉爾終生都為頻繁發作的憂鬱症所苦。他還將憂鬱症形容為「黑狗」。

除了演說外，邱吉爾的才能也發揮在文采上，留下為數不少的著作。一九五三年即將卸任前，他以《二戰回憶錄》一書獲頒諾貝爾文學獎。雖然近年來諾貝爾文學獎引發諸多爭議，但既然過去都有現役政治家獲獎了，搖滾歌手得獎也沒什麼好奇怪的。

邱吉爾引退後，在倫敦郊外的宅邸裡安穩地度過餘生。不過隨著年事已高，體力逐漸衰退，說話也變得語無倫次。

最後他在一九六五年一月二十四日逝世，享年九十歲。雖然他比父親多活了一倍之久，但這天湊巧也是父親的忌日。

大思想家盧梭死後傳出有裸露癖

尚—雅克．盧梭是活躍於十八世紀的思想家，以《社會契約論》一書聞名。本書描述在絕對王政的時代下，人民應如何親手建立社會，不僅為後世的近代社會建設打下基礎，更在法國大革命中被奉為經典。

此外，其教育論《愛彌兒》也相當有名。盧梭認為自然本性皆善，是經過人手改造後才變壞，所以他主張重視孩童與生俱來的本能，以自然的方式培育成人。

盧梭五十歲時寫下《愛彌兒》，卻因為宗教因素被視為禁書，本人更逃亡瑞士。雖然日後用假名回到巴黎，卻在一七七八年於巴黎郊外辭世。

接下來才是問題所在。盧梭逃亡中寫下的自傳《懺悔錄》於死後出版，不過內容過於重視本能，完全不假修飾……

盧梭的母親在他出生後八天過世，十三歲時，父親也因紛爭逃亡，使得盧梭淪為孤兒，自此展開充滿波折的流浪生活。後來當學徒時又因為害怕嚴厲的師傅，遂選擇不告而別，幸得華倫男爵夫人收留，啟蒙了他的學問之路。不久兩人墜入情網，發生了性關係。盧梭稱長他十二歲的夫人為「媽媽」。

這段關係維持了十五年，最後因為盧梭的被虐傾向而結束。據說盧梭曾遭郎貝塞這位女性痛打，從中感受到性快感。

有一次盧梭躲在水井旁的草叢中，見年輕女性前來汲水，便跳出草叢裸露屁股。女性嬌聲尖叫，連忙逃走，隨後盧梭也被村內趕來的壯丁給制伏了。

然而他的動機竟是「以為露出屁股就會被打」，天底下哪有年輕女性會做出這種事情？

之後寄宿巴黎時，盧梭和小他三歲的女傭同居，生下五個小孩。可是他卻拋棄了孩子，將他們交由產婆送進孤兒院。對此，盧梭辯稱手頭並不充裕，實屬莫可奈何。

不過他也反省說：「沒辦法盡為人父的義務，就沒有當父親的權利。」

「賢明王」亨利四世的「頭」在二十一世紀引發爭議

巴黎最古老的橋「新橋」為知名觀光景點，橋面中央豎立著氣派的騎馬雕像，馬上人物正是一五八九年即位，開創了波旁王朝的亨利四世。

十六世紀，法國爆發了天主教與新教（胡格諾派）的宗教戰爭。國王查理九世的母后凱撒琳．德．梅迪奇掌握實權，為了緩解情勢，她打算讓女兒瑪格麗特與胡格諾派的年輕盟主亨利成婚。

然而天主教強硬派卻在婚禮期間趁亂暴動，大肆屠殺胡格諾派教徒。這就是日後所謂的「聖巴多羅買大屠殺」。

當時亨利以改信天主教作為交換條件，僥倖保住了一命。

之後亨利四世遭到軟禁，直到一五七六年出逃，便又回歸胡格諾派信仰。經歷亨利三世、納瓦拉亨利、吉斯公爵亨利的「三亨利之戰」時代後，一五八九年，亨利四世正式即位，建立了波旁王朝。

而後，為了穩定政局，他又改信天主教，一生總計換了五次信仰。一五九八年，亨利四世以天主教的立場頒布「南特詔書」，給予胡格諾派信教的自由，和平結束了宗教戰爭，因而備受國民愛戴，被譽為「賢明王亨利」，不料卻在一六一〇年遭天主教的狂熱教徒暗殺身亡。

亨利四世死後，遺體安放在歷代國王的陵寢，卻於法國大革命時遭革命份子盜取，棄置在公共墓地。不光是亨利四世，幾乎所有王族的遺體都難逃此劫。當時亨利四世的頭顱遭人砍下，此後下落不明。

時間來到一九一九年，一位古董商在某拍賣會上競得了「亨利四世的頭顱」。話雖如此，實際上那也只是一顆詭異的乾屍頭骨，想當然，誰也不認為那是真的。結果這件事情並未掀起任何話題，再次被世人遺忘。

不過二〇一〇年時，製作亨利四世紀錄片的專家查出頭顱由傑克・貝朗吉這名男性持有。據說他是以五千法郎向那位古董商的妹妹購得。

重新鑑定過後，結果顯示頭顱為真的機率竟高達百分之九十九點九。十九位專家之所以做出這樣的結論，是因為骨骼重建後與當時的遺容肖像吻合，傷口和痣等身體特徵也完全一致。此外，驗出的鉛也跟棺材材質相符。

於是，睽違四百年後，亨利四世的頭顱又回到了原本的陵寢。

不過這件事情還有下文。

二〇一〇年時，因為沒能採集DNA，所以並未進行DNA鑑定。雖然二〇一三年在調查中成功取得DNA，但和波旁家後裔的DNA交互比對過後，結果卻是「不吻合」。換句話說，頭顱並不屬於亨利四世本人。

這顆頭到底是真是假呢？生前五次改變信仰的男人，四百年後依然持續愚弄人們。

草擬獨立宣言的美國總統晚景淒涼

一九六二年，約翰・F・甘迺迪在白宮宴請了四十九位諾貝爾獎得獎者。席間他致詞說：

「我覺得今晚白宮聚集了最多的天分和人類知識，撇開當年湯瑪斯・傑佛遜獨自在這裡吃飯的時候不計。」

雖然在日本不太有名，但傑佛遜卻是美國史上評價最高的總統之一。他最大的功績是草擬獨立宣言。獨立宣言由傑佛遜、約翰・亞當斯、班傑明・富蘭克林等五人小組共同擬定，不過實際上是傑佛遜撰寫了原稿，再交由亞當斯和富蘭克林審視。換句話說，為現今美國打下基礎的無疑是傑佛遜。

一八〇一年，繼喬治・華盛頓及約翰・亞當斯之後，傑佛遜成為第三任合眾國總統，同時他也是首位發表就職演說的總統。講詞內容闡述民主主義的原則，包含尊重少數意見，保障信仰、言論、出版的自由等等。

此外，傑佛遜向法國低價收購路易斯安那地區，促成西部拓荒的契機。任期至一八〇九年結束後，他還持續推廣各項公共事業，更創設了維吉尼亞大學。

不過傑佛遜也並非清正廉潔的完人。身兼農場主人的他擁有超過兩百名黑奴，那是他從父親手裡繼承而來的。維吉尼亞的富豪屈指可數，他的父親正是其中之一。

當然，傑佛遜擬定的獨立宣言之中載明自由平等為基本人權，他本人也公開表示反對奴隸制度。可是他為什麼不解放自己的奴隸呢？

理由之一是負債。但他不是富豪嗎？其實背負巨額債務的往往都是過去擁有巨額資產的人。傑佛遜也因為農場事業營運不順，導致赤字不斷、債台高築。

此外，他擔任總統時期的開銷也相當可觀。包含超過一萬美元的外交用酒資在內，依當時慣例，必要經費都由總統自掏腰包。

傑佛遜擁有的奴隸因此全都拿來抵押負債，別說解放了，他甚至無法自由買賣。

除此之外，傑佛遜也曾有過類似「黑人不如白人」的發言。關於他是否為種族歧視主義者，現在仍眾說紛紜。

傑佛遜於一八二六年辭世，享年八十三歲。連同廣大的農場在內，所有遺產都拋售還債。順帶一提，他的忌日是七月四日，碰巧是獨立宣言通過的第五十週年紀念日。

俄國的彼得一世死於擱淺船隻的救援行動

在俄國的大都市當中，以一七一二年彼得一世建設的聖彼得堡最具西歐特色。彼得一世憑藉著強大的領導能力，完成國家社會的改革，帶動了羅曼諾夫王朝的繁榮。

他是個身高兩公尺的彪形大漢，從肖像畫看來，給人一種長相精悍的印象。而他也確實是個凡事都要身體力行才甘願的人。

當時的強國當屬英國和荷蘭。由於兩者皆透過貿易累積財富、壯大國力，保護貨物的強大海軍自是不可或缺。彼得知道這點後，很快就決定要強化海軍。

通常而言，掌權者會直接把任務交給家臣，然而二十四歲的年輕指導者卻親自前往荷蘭和英國的造船廠。他隱姓埋名，以學徒的身分學習技術，甚至還對交好的優秀船匠說：「其實我是俄國沙皇，要不要為我效命啊？」他想盡辦法延攬人才。

擁有強大的海軍後，俄國戰勝了當時的強敵瑞典。

順帶一提，彼得遊學時並非只學了造船技術，更造訪醫院、博物館、動物園、天文台等各種設施，將知識帶回國內，大力推動俄國的西歐化。

新都的建設也是其中一環。莫斯科深處內陸，交通不便，宗教色彩又過於濃烈。所以除去瑞典的威脅後，彼得決定在波羅的海沿岸的涅瓦河河口建設新都，即後稱「北方威尼斯」的聖彼得堡。

這位彼得一世最後並非死於暗殺，也不是戰死沙場。

某次有艘船在涅瓦河淺灘擱淺了。照常理來說，掌權者通常會命令家臣處理此一事件，然而彼得卻親自跳進河裡參與救援行動。十一月的波羅的海十分冰冷，他就這樣病倒了。

最後他染上膀胱炎，於五十二歲時辭世。有別於一般君主的死法，這也很合乎他這個人的行事作風。

成吉思汗的墳至今尚未發現

生前擁有絕大權力的人，死後往往也會修建壯闊的陵墓，藉此誇耀自己的權力。秦始皇就是個好例子。

不過，雖然成吉思汗在亞洲大陸建立了龐大的蒙古帝國，他的墳墓所在地至今依然下落不明。這是為什麼呢？

根據史實，成吉思汗幾乎可以確定卒於一二二七年。當時他留下遺言：「絕不能讓人發現我死了。」

領土囊括北邊的俄羅斯，西邊的伊朗，並從中亞往東擴展的蒙古帝國才剛拿下西夏，眼看西夏王就要前來覲見，要是這時傳出大汗的死訊，西夏勢必會藉機反擊。

於是成吉思汗囑咐屬下殺死前來覲見的西夏王，並將開城投降的西夏居民趕盡殺絕。當然，屬下們忠實地執行了他的遺言。

成吉思汗的遺體送回了故國蒙古。為了保密，目睹民眾也全數遭到殺害。就這樣，成吉思汗的遺體祕密葬在蒙古。

蒙古人身為遊牧民族，原本就沒有修墳的習慣。由於居無定所，對土地並不怎麼執著。下葬的地方通常也不立墓碑，僅靠馬的腳力把土踩實，將現場恢復原狀。

當然，想必極少數近親仍會私下流傳具體地點，不過其他人都不清楚成吉思汗的陵墓在哪裡。

話雖如此，考古學家還是鍥而不捨。經過長年調查，二〇〇四年時，日本和蒙古的聯合考古隊宣布於蒙古西部發現了祭拜成吉思汗的祠廟。

那就是距離蒙古首都烏蘭巴托約二百五十公里遠的阿布拉格遺跡。成吉思汗生前曾在此建立最大的根據地「大斡耳朵」，在他過世後則變成了祠廟。

蒙古史書《元史》記載，君主的陵墓必在祠廟方圓五里之內。只要深入調查，遲早會發現成吉思汗的墓吧——可惜事情並沒有那麼順利。

蒙古人奉成吉思汗為英雄，誰都不希望英雄的墳曝光，所以調查隊似乎也無意繼續追查。仔細一想，與其揭穿真相，保持神祕反而更加有趣。

東羅馬帝國皇帝芝諾在棺中恢復意識，卻被活活悶死

西元三九五年，羅馬帝國分裂後，東羅馬帝國主要統治巴爾幹半島及安那托利亞半島，是存續至一四五三年才滅亡的大國。期間一千餘年，共出了八十八位皇帝。

經過調查，約有三十位君主遭到「暗殺」或「處刑」而死於非命。就算失勢後逃過一死，大多數人也進入僧院隱世而居。東羅馬帝國的政權交替就是這般血腥且瞬息萬變。

例如西元五八二年即位的莫里斯就被叛軍所俘，親眼看著兒子們死於屠戮後才被處決。

繼位的福卡斯則為莫里斯援助過的勢力所俘，最後同樣遭受處決。

更慘的是一一八五年遭到虐殺的安德洛尼卡一世。他被綁在牢房裡連續鞭打三天，接著又被挖出眼珠、砍下一條胳膊、牙齒全數打碎，臉還被泡進滾水裡，最後吊

死在競技場上，簡直慘絕人寰。

就某方面來說，西元四二五年即位的芝諾也死得很慘。一度因政變失勢的他，後來重返王位，處死了叛亂的主謀。芝諾於西元四九一年病死，卻在入殮後又恢復了意識。

然而芝諾不得人心，誰也不希望他活著。雖然皇帝在棺中連續呼救了三天三夜，卻沒有人幫忙打開棺木，就這樣直接下葬。

身為立於萬眾之上的人，重要的終究還是人望。

為了種高麗菜而拒絕重返政界的羅馬皇帝

豐臣秀吉是深受喜愛的戰國武將，雖然毀譽參半，但從平民百姓躍升為一國之首的獨特經歷，無論在任何時空下，都能打動人心。

羅馬皇帝之中也有相同類型的人物，那就是戴克里先。他本是出身達爾馬提亞地區（現今克羅埃西亞）的貧民，卻從底層士兵力爭上游，最後於西元二八四年登上王位。

戴克里先終結軍人皇帝時代，首創專制君主制。即位後，他將廣大的羅馬帝國一分為二，自己統治東邊的部分，並任命前同袍馬克西米安為另一位正帝，負責治理西邊的部分。兩人各自任命副帝，形成「四帝共治制」。

此舉令他們得以顧及邊境，使外敵難以入侵。而且有四位皇帝在位，也不易發生政變。戴克里先打算四人聯手安內攘外，連帶鞏固自己的王位。

政策起了作用，戴克里先帶來了安穩的治世。然而後來的史學家並不認為他是個「名帝」。

在君主專制下，戴克里先以神自居，要求所有人崇拜皇帝。由於他強力鎮壓不從的基督教徒，基督教史上稱之為「最後的大迫害」。

這不禁讓人聯想到秀吉，兩人同樣都是有功有過、毀譽參半。

戴克里先還做了另一件特別的事情，也就是六十歲時「退休」。古代羅馬帝國歷代皇帝之中，只有他自願主動退位。

戴克里先引退後，便在亞得里亞海沿岸的鄉村興建豪宅，過著隱居生活。據說他每天扛起鋤頭下田，種植高麗菜度過餘生。

由於後繼者之間紛爭不斷，有人曾問他願不願意重返政界。當時他斷然拒絕，答道：「當閣下看到敝人辛勤栽種的高麗菜，便不會再提出這種要求。」

過了六年的隱居生活，戴克里先於西元三一一年辭世，享年六十六歲。

統一古埃及的美尼斯王遭河馬攻擊而死？

西元前三〇〇〇年左右，掌管上埃及的美尼斯王統一下埃及，創立第一王朝，從此開啟了古代四大文明之一的埃及文明。

根據日後的史書記載，美尼斯王為「第一位人類的國王」，在這之前的支配者皆為「半神半人」。

關於美尼斯王的資料不多。這也難怪，畢竟他是距今五千年前的人了。現在頂多只知道他引領軍隊獲得「偉大的榮耀」，並建設新都孟斐斯。

相傳他的死因是「被河馬殺害」，這到底是怎麼一回事呢？

古代歷史學家指出，美尼斯於尼羅河興建灌溉設施，還建設了人工島。新都孟斐斯即是在這種環境下打造出來的。在當時，河馬被視為陰間使者，人人避之唯恐不及，偏偏美尼斯勇敢無懼、愛好狩獵，他主動挑戰河馬，最後卻含恨而死。

想不到西元前三〇〇〇年的河馬竟是如此凶暴的生物，但其實現在河馬仍不改凶暴的本性。

河馬地域性強，對於試圖入侵者，哪怕是鱷魚或獅子，牠們都不會放過，更別說人類了。雖然河馬給人行動遲緩的印象，全力衝刺卻能跑到時速四十公里。而且體重介於一．二至二．六噸之間，咬合力更高達一噸。

基本上，河馬為草食性動物，不過偶爾也吃肉。聽說還有河馬吃斑馬或水牛。在美國，河馬更是平均每年造成最多人類死傷的動物，至今仍相當具有威脅性。

雖然美尼斯王生年不詳，但他在位共六十二年。假設十八歲即位，那麼挑戰河馬時已經八十歲了。儘管好漢不提當年勇，美尼斯好歹也是統一上下埃及的王。話雖如此，八十歲挑戰河馬也未免太魯莽了。

第2章

竟有這種事情……
「歷史事件」不為人知的然後

凱撒遭暗殺身亡後，加害者全都被殺害了

凱撒於西元前四四年遭到暗殺。由於年代過於久遠，詳細情況不得而知。凱撒究竟是霸道的獨裁者？還是把民眾擺在第一優先的清廉父母官？元老院企圖暗殺凱撒是為了替人民維護共和制？抑或是為了保護自己的既得利益？凱撒本人早已預知死期？還是措手不及地遇害身亡？

以下先來看看普遍認知的事實吧。

西元前四四年三月十五日，凱撒離開家中，前往舉行元老院會議的龐貝劇場。依照元老院的慣例，凱撒令隨行刀斧手在劇場外待命，僅帶著心腹安東尼進入劇場。

在即將抵達劇場的柱廊上，反對派的暗殺小隊包圍了凱撒，將他亂刀砍死。致命傷是深及心臟的兩道刺傷。

一開始羅馬由凱撒、克拉蘇、龐培施行三頭政治，不過隨著克拉蘇戰死、龐培失

勢遭到暗殺，變成凱撒一手掌握大權。而凱撒在遇害前一年被選為終身獨裁官。

暗殺小隊隸屬於反對勢力，為首者是龐培的前部下蓋烏斯．卡西烏斯，還有以凱撒遺言「還有你，布魯圖斯？」聞名的馬爾庫斯．布魯圖斯，以及德基摩斯．布魯圖斯。他們都是凱撒寄予信任的部下。

暗殺行動成功後，本以為民眾會熱烈歡迎打倒獨裁者的暗殺隊成員，實際上卻非如此。

馬爾庫斯．布魯圖斯向民眾說明行刺動機，主張凱撒企圖成為專制君主，可是之後站到台上的安東尼卻滔滔不絕地強調凱撒有多麼偉大，一口氣扭轉了形勢。

加上凱撒生前和元老院做了所謂的「紳士協定」，以保障人身安全作為交換條件，解散自己的護衛隊。由於打破了協定，暗殺小隊受到民眾的強烈譴責與唾棄。

於是馬爾庫斯．布魯圖斯逃離了羅馬，卻因為一再遭到追捕，最後終於自殺了。蓋烏斯．卡西烏斯也敗給了凱撒的後繼者們，同樣選擇自我了斷。其他成員也被凱撒的支持群眾捉拿揭發，全數遭到殺害。

哥倫布在第三次航海中被捕並遭強制遣返

歷史往往經過後世的美化，「留名青史」的人物未必擁有高尚的品格，舉例來說，哥倫布就是其中一例。

一四九二年，哥倫布帶著三艘船及一百二十名船員從西班牙的巴羅斯港啟程。哥倫布贊同「地圓說」，為了開拓前往亞洲的西行航路，他四處奔走，尋求贊助者，好不容易成功獲得了西班牙女王伊莎貝拉的協助。

雖然航行距離和哥倫布的計算有所落差，但過程中卻發現了新的陸地。哥倫布本人堅信這片陸地就是亞洲，但其實那是巴哈馬群島的一部分。他將之命名為「聖薩爾瓦多（濟世的聖人）島」，以表達對神的感激。

事實上，前行船隻的船員才是第一位發現者，然而哥倫布回國後卻聲稱自己最早看見陸地上的火光，將高額報酬據為己有。

回國隔年，哥倫布展開第二次航行。這回他帶著十七艘船及一千兩百名船員。由於在上次航程中發現了陸地，此行的目的乃以殖民為主。

可是到達當地時，上次打造的居留地已被原住民燒毀，留下的四十名船員也不見蹤影。

由於那裡並非亞洲，無法取得想要的香料。此外，原住民的反抗也開始逐漸升溫，哥倫布便費盡苦心鎮壓暴徒，把原住民抓起來送回本國，代替香料獻給伊莎貝拉女王。不過此舉反而激怒了伊莎貝拉，哥倫布只好趕緊回國解釋。

哥倫布本為奴隸商人，在新大陸屠殺了大量原住民，其殘忍程度堪比日後惡名昭彰的南美侵略者埃爾南・科爾特斯，以及法蘭西斯克・皮薩羅。

經過兩年，哥倫布第三次航行的結果更加淒涼。胞弟巴爾托洛梅奧治理不善，導致部下叛變。消息傳回本國，監察官前往當地調查哥倫布的管理狀況。最後哥倫布遭到逮捕，被鎖鏈綁著強制遣返。

即使如此，哥倫布還是不死心，獲釋後又計畫了第四次航行。不過在巴拿馬周邊晃了大半年後，他便毫無斬獲地回國了。

由於長年受嚴酷的航程影響，晚年哥倫布深為關節炎、痛風、熱病所苦，最後在療養中過世。據說葬禮一切從簡，只有親人參加。

林肯暗殺事件的關係人竟都走上精神失常之路

奴隸制度應該繼續或廢止，這是美國國民一分為二，爆發南北戰爭的主要爭執點。以農業為主的南部主張維持奴隸制度，工業化快速發展的北部則支持廢止。

當時率領北軍的是第十六屆美國總統亞伯拉罕．林肯。一八六五年四月，戰爭最後以北軍勝利告終。

過了兩個月，六月十四日，林肯在妻子與好友的陪伴下來到華盛頓的劇場。偶爾他也會看戲放鬆一下。卻不料他會在這天中槍倒下。

凶手進入包廂，潛至林肯背後，對準後腦勺近距離開槍，造成了致命傷。雖然凶手成功離開劇場、逃亡南部，卻在躲藏的倉庫裡當場遭追兵擊斃。

凶手名叫約翰．威爾克斯．布斯，是大力支持奴隸制度的南部聯邦的擁護者。至於林肯，則成了第一位死於暗殺的美國總統。

事情原本可以就此結束，不過這起刺殺行動當中存在太多疑點。通常暗殺大多都從遠處以來福槍進行狙擊，為什麼布斯能夠輕易接近總統呢？其實當天警備特別薄弱。雖然總統曾向陸軍部申請隨扈保護，但部長斯坦頓卻以人力不足為由回絕了。

事後調查也很隨便。

凶手布斯是個小有名氣的演員，在場觀眾也看到了他的臉。不過斯坦頓卻無視舉報，從零開始進行搜查。確認犯人是布斯時，事件已經發生五個小時了。而且當時分發的嫌犯照片根本不是布斯本人。

此外，發現布斯躲藏在倉庫裡時，雖然當下立即包圍了他，但命令卻是緝捕歸案。於是追捕的士兵們決定放火逼出布斯，可是不知道為什麼，布斯卻在大火中被擊斃。

雖說布斯持有武器，但射殺走投無路的他也未免太不自然了。而且還是從背後近距離開槍。無巧不巧，射擊角度也幾乎跟總統遇害時相同。

奇妙的是，至今仍查不出究竟是誰開槍。儘管在場的科貝特中士坦承自己射殺了布斯，從情況來看仍有些許疑點。

雖然這起事件的凶手是布斯，但另外又逮捕了幾名協助逃亡的共犯。然而坊間始終謠傳事件背後可能牽扯到更大的「陰謀」。更詭異的是，事件關係人全都精神失常而死。

斯坦頓陸軍部長於案發後辭職，之後健康狀況惡化過世，也有人說他是自殺。目睹總統遇害的林肯夫人打擊過大，精神失常，一輩子都待在精神病院內。在場的拉斯伯恩少校及未婚妻克拉拉．哈里斯則照計畫完婚，可是拉斯伯恩卻在幾年後發瘋，企圖帶著一家人走上絕路。

聲稱自己射殺了布斯的科貝特中士，也在案發幾年後被送進了精神病院。

在「卡諾薩屈辱」中屈居下風的皇帝最終翻盤獲勝

對世界史不感興趣的人，卻不知為何，大都聽過「卡諾薩屈辱」一詞。順帶一提，卡諾薩是城堡名，以下為事件概要。

十一世紀後半，神聖羅馬帝國皇帝亨利四世與羅馬教宗額我略七世嚴重對立。為了擴大影響力，亨利四世指派五位主教。然而額我略七世認為此舉形同買賣聖職，便將這些人逐出教會。震怒的亨利四世宣布廢黜教宗，於是教宗祭出絕罰「破門律」。

由於周邊勢力都支持教宗，進退維谷的亨利四世只好來到額我略七世停留的卡諾薩城，穿著修道服，在冰天雪地的城門外光腳站了三天，好不容易才讓教宗撤回絕罰。這就是「卡諾薩屈辱」。

這場聖職任命權之爭——簡單來說，就是「皇帝和教宗誰比較了不起」——看似是教宗取得了壓倒性的勝利。既然名為「屈辱」，亨利四世或許就像敗戰後被迫剃光頭的摔角選手吧。不過事實真是如此嗎？來看看這個事件的後續發展吧！

絕罰撤回後，亨利四世返回德國伺機反擊。他拉攏了薩克森公爵等諸侯，三年後，再次決議罷黜教宗。

於是教宗又一次祭出「破門律」。

不過這回皇帝不為所動。亨利四世早已想出反擊之道，他擁護克勉三世為新任教宗，取消了絕罰。

皇帝趁勢進攻羅馬，放逐額我略七世，並在羅馬親自舉行盛大的加冕儀式。額我略七世遭流放後客死異鄉。「卡諾薩屈辱」最終是教宗輸了。

不過也有人認為皇帝打一開始就沒輸。基督教的教義是「悔改者必得赦免」。所以只要皇帝請求寬恕，教宗就非得原諒他不可。正因為明白這點，亨利四世才會追著教宗來到卡諾薩城，逼迫對方做出決定。

如果要引用「卡諾薩屈辱」這則故事，就不該解釋成被迫屈服，而是「利用弱勢反過來站上有利的位置」。

經歷「布匿克戰爭」的漢尼拔和大西庇阿皆因醜聞失勢

義大利半島呈長靴狀，鞋尖部分挺進了地中海，而古代都市國家迦太基就位於與之相望的非洲沿岸上。為了爭奪地中海霸權，迦太基與古代羅馬帝國對立，於西元前二六四年爆發了布匿克戰爭。

漢尼拔正是活躍於此時的迦太基武將。

說到漢尼拔，往往會想到他騎著大象翻越阿爾卑斯山的事蹟。他大膽執行常人不敢為的作戰策略，令羅馬軍慌了陣腳。不過最後他並沒有攻陷羅馬，反而在羅馬武將大西庇阿的反擊下敗逃。

之後漢尼拔怎麼樣了呢？

漢尼拔本應一死以示負責，不過這時他已是迦太基人民心目中的英雄。死刑判決引發居民激烈反彈，不得不中止死刑的執行。

隨後當局政權因敗戰而衰微，漢尼拔又被選為行政官。這回他發揮政治家的手腕，重振經濟，大刀闊斧地接連改革內政，徹底根除貴族階級的既得利益問題，甚至還清了敗戰的賠償金。

不過才能不凡的人往往容易遭人構陷。

反漢尼拔派虛構罪名，向羅馬檢舉「漢尼拔與敵國敘利亞勾結」。漢尼拔自覺有生命危險，便逃離迦太基。期間輾轉敘利亞、馬其頓，最後逃至小國比提尼亞。此時漢尼拔終於被追兵逮到，於是他自盡而死，卒年六十五歲。

另一方面，擊敗漢尼拔的大西庇阿又怎麼樣了呢？

身為救國英雄的他，於凱旋歸國時受到熱烈歡迎，卻讓反對勢力起了戒心。

首先是哥哥盧基烏斯被指控接受敘利亞的賄賂，緊接著大西庇阿本身也遭到彈劾。儘管大西庇阿堅稱自己是清白的，之後卻勢不如前。於是他隱居義大利南部，在這裡度過人生最後一段時光。大西庇阿卒年五十三歲，死因不明。

在波匿戰爭中交手過的雙雄，後來同樣因為真偽不明的政治醜聞而失勢。巧的是，兩人均死於西元前一八三年。

成功抵達南極點的第一人，阿蒙森最後沉眠於北極

就好像說到武藏會想到小次郎，說到巨人就會想到阪神隊，阿蒙森和史考特也是常被拿來互相比較的勁敵。當然，勝者是阿蒙森，輸家是史考特。他們兩人同時以前人未至的南極點為目標，最後阿蒙森於一九一一年率先抵達。

羅爾德．阿蒙森是挪威探險家。十六歲時，同為挪威人的弗里喬夫．南森成功橫跨格陵蘭。阿蒙森受此事激發，立志成為探險家。十九世紀後半時，地球上仍有許多人跡未至的地方。

阿蒙森一開始的目標其實是北極點，其最初的成果為乘船行經整個西北水道，也就是從大西洋沿美洲大陸北邊橫渡太平洋。他在此時培養出「方向感」，深信自己也能順利抵達北極點。

不過一九〇九年時，美國探險家羅伯特．皮里卻搶得頭籌，阿蒙森便將目標改為

南極。

雖然先登上南極大陸的是史考特團隊，但史考特使用馬雪橇及引擎雪地車，阿蒙森則堅持使用狗雪橇。此外，阿蒙森有過極北航海的經驗，對於防寒裝備的知識略高一籌，加之天候較佳等等要素，一九一一年，阿蒙森團隊率先抵達了南極點。史考特晚一個月才到南極點，可是卻在回程時遇難，變成了不歸人。

畢竟阿蒙森完成了人類史上首度抵達南極點的壯舉，換作是現在的話，他恐怕早已成為綜藝節目和演講的新寵兒吧。不過他不愧是天生的探險家，馬上又以最初的志向北極點為目標。

一九一八年乘船前往北極時，阿蒙森被困在冰中動彈不得，只好再次在船上度過寒冬。接著他又自費購買飛機前往北極，卻在中途迫降，導致計畫受挫。

據說阿蒙森為此耗盡所有財產，過著經濟不穩定的生活，家人及朋友也離他遠去，變得孤立無援。

所幸他終於獲得美國富豪的資助，乘坐飛艇抵達北極點，實現了長年的夢想。

某天，阿蒙森接獲噩耗。過去一起搭機飛往北極的工程師翁貝托・諾比爾在乘飛艇離開北極點返航的路上遇難了。一九二八年六月十八日，阿蒙森搭乘飛艇前往救援，從此失去了音訊。雖然曾發現飛艇的殘骸，至今卻還沒找到阿蒙森的遺體。

人類史上首度稱霸兩極的男人，如今依然沉睡在北極附近的某個地方。

人類史上首度進入太空的加加林死於空難

「為什麼非當第一不可？」過去曾有人提出這個簡單的疑問，然而有時候真的「非當第一不可」。

第二次世界大戰後冷戰期間，美國和蘇聯競相投入宇宙的開拓。成為第一是向國民和全世界誇示國力的必要條件，更別說宇宙技術還有應用在武器上的價值。

在這種情況下，蘇聯率先完成人類史上首次的有人機宇宙飛行。

一九六一年四月十二日，尤里．加加林乘坐東方一號進入太空，並平安生還。這趟體驗全長一百零八分鐘，過程中，加加林留下了名言：「地球是藍色的。」

其實「之後」才是加加林真正的工作。

除了成為國民英雄、出席許多紀念典禮之外，他也以蘇聯宣揚國力的「活看板」之姿造訪全球各地，包含芬蘭、巴西、古巴等等，一九六二年更來到日本。他還曾經跟伊莉莎白女王一起用餐。

據說加加林被選為太空人的時候，蘇聯早已設想過「之後」的種種了。加加林的訓練成績未必都是「第一」，不過笑容卻相當可愛討喜，同事們也很喜歡他。加上出身勞動階級，名字又是俄羅斯人常見的「尤里」，顯然十分適合擔綱國民英雄的角色。

不過突然被捧為世界名人的加加林無法適應環境變化，變得鬱鬱寡歡，不僅開始酗酒，還曾經自殘。

等到克服困難，準備重回太空人的崗位時，他卻死於意外——訓練中搭乘的米格戰鬥機突然墜毀。

由於事故詳情並未公開發表，引來外界諸多揣測，還有人認為可能是政治性暗殺。

最有力的說法是，在雲層中飛行時，與其他未經許可升空的戰鬥機異常接近，導致機體失控墜毀。當時因為管制疏失，傳送了錯誤的雲層高度資料，加加林飛出雲層後，來不及回正機體，就這樣撞上了地面。不過真相目前仍不得而知。

他的骨灰葬在克里姆林宮和故鄉附近的城市。為了紀念他，那座城市被改名為「加加林城」。

原子彈之父歐本海默晚年不得志

雖然不少科學家被稱為「○○之父」，但爭議性恐怕都沒這個男人創造出來的東西大。羅伯特・歐本海默是一位理論物理學家，人稱「原子彈之父」。

當然，他並非只靠自己一個人就創造出原子彈。第二次世界大戰當時，歐本海默擔任洛斯阿拉莫斯國家實驗室的所長，負責主導美國祕密進行的「曼哈頓計畫」。曼哈頓計畫的目的是開發核子武器，也就是原子彈。

當時希特勒的瘋狂政策令以美國為中心的同盟國備感威脅。如果希特勒先使用核子武器的話，人類將面臨多麼可怕的局勢呢？光想就覺得可怕。所以美國想方設法，急欲搶先完成原子彈。

不過最後投放原子彈的地方卻是日本，造成廣島及長崎數十萬人喪命。

「原子彈之父」歐本海默成了終結戰爭、避免人類面臨最大危機的國民英雄。不過本人卻對親手造就的結果感到相當困惑。

弟弟法蘭克曾表示，歐本海默原本以為有了無法使用的強大兵器，戰爭將變得毫無意義。可是人們卻把它當成一般武器使用。據說歐本海默對此深感絕望。

「科學家知罪了。」

日後他在某次演講時說過這樣一句話。

終戰四年後，一九四九年，蘇聯祕密進行試爆實驗，並獲得了成功。理論物理學家愛德華．泰勒聞訊焦急不已。這男人就是後來的「氫彈之父」。他致電歐本海默，問道：

「現在我們該怎麼辦？」

歐本海默的回答簡潔俐落。

「保持冷靜。」

他向來反對開發氫彈，後來還為此跟核武計畫推動派的泰勒反目成仇。當時正值冷戰期間，輿論一面倒地支持開發核子武器。

「紅色恐慌」更讓歐本海默陷入絕境。妻子凱瑟琳和弟弟法蘭克均為美國共產黨黨員，還參加過共產黨的集會。此事引發爭議，原子能委員會認定歐本海默是「危及安全的人物」，予以停職處分，等於是實質上的開除。

之後歐本海默度過不得志的晚年，一九六七年因喉癌過世，卒年六十二歲。據說他終生後悔參與原子彈的開發。

萊特兄弟後悔製造了飛機？

長久以來，人類總是夢想能夠像鳥一樣翱翔天際。一九〇三年，萊特兄弟完成首次的飛機有人機飛行，消息轟動一時。

順帶一提，萊特兄弟並非第一組成功升空的人。一七八三年，孟戈菲兄弟完成了熱氣球有人飛行。一八九一年，奧托．李林塔爾也成功飛上了天空。

受李林塔爾的激發，威爾伯和奧維爾這對兄弟才埋首投入「動力飛行機器」，俗稱飛機的開發。

雖然萊特兄弟成就了開飛機在空中翱翔的夢幻壯舉，但降落地面時，等著他們的卻是成人世界不堪的糾紛。也就是誰才是第一的名譽之爭，以及專利問題。

首先找碴的是史密森尼協會。這時期眾多「飛行家」們都以開發出世界第一架飛機為目標，前會長賽謬爾．蘭利也是其中之一。

當時的會長查爾斯・沃考特對拔得頭籌的萊特兄弟懷恨在心，便在博物館展出蘭利的「飛機場號」，稱其為「世界第一架可載人飛行的飛機」。萊特兄弟當然提出了抗議，然而這種事情總是先搶先贏。越來越多人看了展覽，深信蘭利才是世界第一。

在紛擾不止的情況下，哥哥威爾伯・萊特於一九一二年罹患傷寒去世。

這爭的不只是名譽，還有專利問題。重點在於誰率先開發了什麼技術。

萊特兄弟在這方面相當精明，取得了許多技術的專利。一九〇九年，兩人創立萊特公司，靠著各種專利成功推展了事業。

一九四二年，史密森尼協會終於公開道歉，認可了萊特兄弟的成就。

然而此時弟弟奧維爾正為某件事情痛心。

「本以為自己開發的技術能為人類帶來和平，但我們錯了。我們似乎小看了人類的憎恨，以及惡用正確手段的力量。」

第二次世界大戰中，飛機主要作為武器使用，奪走了許多人的生命。

「我不後悔發明飛機。但恐怕沒有人比我更痛心於飛機帶來的破壞行為。」

留下這句話後，奧維爾・萊特於一九四八年心臟病發去世，享年七十七歲。

阿育王將佛教傳至西方，催生了基督教？

從《小氣財神》的史古基，到漫畫《虎面人》，在許多故事裡，原本是壞蛋的角色後來都改過向善了，不過這些都比不上古印度的阿育王。

阿育王生於西元前三世紀，是印度第一個統一王朝，孔雀王朝的君主。他面容醜陋，從小不得父王喜愛，因此性格扭曲，為搶奪王位，殺害了九十九位異母兄弟。

不過阿育王是否真有九十九位異母兄弟還有待商榷。畢竟古時候的事情大半都是「傳說」，近年研究發現與史實有所出入。

阿育王即位後手段益發殘暴。據說他殺害了五百位不聽命的大臣，所到之處燒得片草不生，簡直泯滅人性。

這時，名為羯陵伽的大國興起於印度東岸。阿育王發動戰爭，征服了羯陵伽。

不過在這場戰爭中，兩國總計共有超過十萬人犧牲。阿育王見狀深感悔悟，此後遵循佛教的教諭，施行「法的政治」。

其內容為不殺生、孝順父母、敬重長者、尊敬出家人且不吝布施。阿育王將教諭刻在各地的磨崖碑和石柱上加以推廣，並派出傳教士大力宣揚佛教。

阿育王的碑文也有阿拉伯語和希臘語版本，往西最遠出現在現今阿富汗西南部。這裡過去曾是亞歷山大大帝統治的區域，相當於歐亞的交會處。有人認為佛教思想又繼續西傳，促成了基督教的誕生，畢竟兩者之間存在著許多共通點。

例如佛教有信徒應當遵守的五戒，基督教也有摩西的十誡。佛教的「不殺生戒」形同基督教教誨中的「不可謀殺」，「不偷盜戒」也跟基督教的「不可偷盜」雷同。此外，研究者還發現不少「難以視為巧合」的相似之處。

以全球的角度來看，印度距離中東不遠。阿育王推廣的佛教在中東偷偷紮根，以基督教的姿態開花結果。所以耶穌基督是佛教徒的說法也不是絕對不可能。

阿茲特克首都遭西班牙人破壞後，卻有意外發展

十六世紀初，西班牙人來到南美，極盡燒殺擄掠之能事。阿茲特克族的首都特諾奇蒂特蘭也遭埃爾南．科爾特斯摧毀。

特諾奇蒂特蘭座落在特斯科科湖中的島嶼上，整座城市彷彿漂浮在水面上一般。為什麼要把首都建立在這麼不方便的地方呢？據說是因為天啟。

某天，一位神官接獲天啟。神在預言中表示，「應在雄鷹口銜長蛇立於仙人掌上的地方建都」，而特斯科科湖中的島嶼正好符合條件。於是他們開始在沼澤地帶排水填土，歷經千辛萬苦，終於建立了都市。那是西元一三二五年的事情。

順帶一提，特諾奇蒂特蘭在當地的語言中意指「硬如石頭的仙人掌」。

之後經過兩百年，西元一五一九年，科爾特斯發現了這座美麗的水上都市。當時城裡的人口約二十至三十萬人左右。同時期歐洲人口超過十萬的都市頂多只有巴黎和

拿坡里，科爾特斯應該也是第一次見到規模這麼龐大的都市。

雖然特諾奇蒂特蘭遭科爾特斯摧毀，但這個都市如此壯闊，想必會留下遺跡。結果究竟怎麼樣了呢？

其實科爾特斯徹底搗毀此處後，又在上頭建設了新的都市，也就是現今的墨西哥城。換句話說，昔日的阿茲特克首都如今正沉眠於墨西哥首都的地底下。此外，特斯科科湖幾乎已被填平，不見過往的痕跡。

由於墨西哥城相當熱鬧繁華，現在也不可能大規模開挖，恐怕遺跡今後也會靜靜地繼續長眠吧。

不過建設工程途中還是經常挖到歷史遺產，最近則是二〇一二年時於地下五公尺深的地方發現十具人骨。其中三具是孩童，七具是成人。根據考古學家的說法，他們應是被拿來獻祭的活供品。

資料指出，阿茲特克經常舉行儀式，以活人進供神明。這些人往往活生生地被掏出心臟，或是割斷頸子。

「發現諾亞方舟！」的消息不絕於耳

美國至今仍有四成的人反對演化論，認為神創造了人類。他們相信聖經上說的都是事實，就算傳出「發現諾亞方舟殘骸」的消息，他們也覺得沒什麼大不了的。

在聖經的章節內，諾亞方舟的故事最有可能「真實發生過」。正確來說，是故事建立在事實基礎上。

因為除了舊約聖經外，世界各地都流傳著類似的洪水傳說。例如古代美索不達米亞的《吉爾伽美什史詩》就講到過去曾發生大洪水，烏特納比西汀建造大船漂流了六天，最後停在尼西爾山山頂。

此書著於西元前十世紀左右，與舊約聖經《創世紀》的年代幾乎一致。

另外，巴比倫尼亞神話中也預告了神將降下洪水消滅人類。根據記載，洪水發生在西元前二九〇〇年至二七五〇年間。

如果以上內容並非恰巧一致，當時說不定發生過某種劇烈變動，造就了這些傳說。所以就算乘坐方舟逃過洪水劫難的男人實際存在，那也沒什麼好奇怪的。

據說方舟最後停靠在土耳其的亞拉臘山上。人們在那裡多次進行搜索，也頻頻傳出發現殘骸的消息。

最早在西元一世紀，歷史學家弗拉維奧．約瑟夫斯於《猶太古書》中留下了找到殘骸的敘述。一九六〇年代，美國空軍也曾數度在亞拉臘山東北面發現疑似船影的物體。

最近則是土耳其和中國的聯合探險隊發布的報告。他們聲稱二〇〇七年至二〇〇八年間，於海拔四千公尺的亞拉臘山山頂附近發現了七個木製結構體。

他們「得手」的結構體劃分成多塊，與歷史紀錄相吻合，而且有一定程度的大小。經放射性碳定年法調查過後，證實這些結構體約有四千八百年歷史，以年代來看，極有可能是「諾亞方舟」。

可是這些消息完全沒有下文。

是正在深入調查當中？還是搞錯了？又或者人們早已司空見慣了呢？

戰後在波蘭發現了納粹的財寶？

納粹德國於一九四五年瓦解，希特勒舉槍自盡。之後經過七十年，二〇一五年八月傳出驚人的消息。據說在波蘭發現了納粹德國遺留下來的財寶。

第二次世界大戰爆發當時，納粹德國勢如破竹地侵略鄰近國家，包含荷蘭、比利時，以及法國。他們大肆掠奪，除了現金以外，連貴重金銀、寶石裝飾品、名畫及雕刻等美術品，只要是有價值的東西全都搜刮一空。

當時高官們更濫用權力，以賄賂等毒辣的手段累積財富，還從被送進收容所的猶太人身上沒收了相當可觀的財產。

其實這些「納粹的財寶」幾乎都還下落不明。戰爭結束沒多久，此事悄悄地引發討論。敗戰在即，納粹高官們肯定把財寶藏起來了。照理說，這些財寶應該還沉睡在某個地方才對。

此外又有事實佐證。

戰後聯軍扣押的文件裡包含了會議紀錄，其中有段發言是「為了日後納粹的振興，應將資產挪至海外」。這項指示不只針對政府相關人員，同樣也適用於德國的大企業。

再加上坊間流傳著各式各樣的「都市傳說」。

現今的奧地利有座名叫阿特湖的湖泊，據說德國的輸送機在運送財寶的途中墜落此處。戰後經過十年，一位前德國士兵雇用潛水夫打撈白金條，可是沒多久卻被某人射殺了。

雖然真偽不明，但這類傳言不可勝數。這不禁讓人聯想到日本的「德川埋藏金」，不過納粹的時代並沒有德川久遠。

二〇一二年，德國公共電視台進行民調，約六成的人回答「相信有納粹的財寶存在」，顯見社會大眾不認為那只是「都市傳說」。

此時，一則消息轟動全世界。

二〇一五年八月，波蘭文化部副部長於華沙召開記者會，聲稱：「我們幾乎可以確定，載有納粹財寶的列車就位於捷克邊境附近的瓦波日赫村。」

為避免蘇聯軍攻擊，納粹將搶來的金塊寶石放進列車，藏在地下隧道裡，於敗戰前掩埋起來。德籍和波蘭籍的「寶物獵人」找到參與埋設作業的男性，問出了詳細地點。兩人以地底雷達確認過後，隨即回報波蘭政府。

之後怎麼樣了呢？

二〇一六年八月，挖掘作業正式展開。不過此事並非由波蘭當局主導，而是兩位寶物獵人自行募資進行。

至於結果如何，至今仍未傳來好消息。

鐵達尼號沉沒後，生還女演員主演事件改編電影

一九一二年四月十日，鐵達尼號自英國南安普頓展開首航，目的地是紐約。四月十四日晚上十一點三十分左右，於北大西洋撞上冰山，隔天十五日凌晨沉沒——這就是全球最慘烈的鐵達尼號海難事故。

在電影中，傑克（李奧納多．狄卡皮歐）沉入冰冷的大海底下，戀人蘿絲（凱特．溫斯蕾）則倖存下來，當上了女演員。

當時鐵達尼號載著超過兩千兩百名船員及乘客，共有七百七十一人生還。他們後來過著什麼樣的人生呢？

如同電影情節所示，救生艇優先讓女性與孩童搭乘，所以男性倖存者比例很低，而其中便包含了這艘船的所有者，白星航運的約瑟夫．布魯斯．伊斯梅。

他明知前進路線上有冰山，卻疑似對警告置若罔聞。據說他預計在鐵達尼號抵達

紐約時舉行自己的引退典禮，不願推延航程。加上他又率先搭上救生艇逃生，因而受到輿論的強烈抨擊。

此外，他還涉嫌故意讓鐵達尼號沉船以獲取保險金。晚年他移居愛爾蘭，過著低調的生活，最後於一九三七年過世。

科斯莫．達夫．戈登這位富豪爵士也隨夫人坐上一號救生艇逃生。他拒絕讓其他船員救助溺水者，以每人五英鎊的價錢收買他們，抵達紐約後還笑咪咪地穿著救生衣跟船員拍照留念。

愛洛斯．休茲和盧西安．史密斯在蜜月旅行途中遭遇事故。史密斯讓妻子搭上小艇，自己跟著船一起沉沒。之後愛洛斯產下遺腹子，可惜後來兩次婚姻都不順遂，最後於一九四〇年去世，卒年四十六歲。據說她終生自稱愛洛斯．史密斯。

不過也有人藉著這起事故掌握了機運。

女演員桃樂絲．吉布森當時二十二歲。結束歐洲度假後，她正準備回紐約拍攝新電影。

事件過後，桃樂絲主演自己編劇的電影。《鐵達尼號倖存記》（Saved from the

Titanic）於意外發生後一個月上映，除了美國以外，在英法也相當賣座。當時她的人氣堪比大明星瑪麗・畢克馥。

第3章

果然異於常人！「天才們」打破常識的然後

愛因斯坦的葬禮僅十二人出席

留名青史的科學家不在少數，不過第一人當屬阿爾伯特．愛因斯坦。其成就為「相對論」的推廣。以接近光速移動時，時間將會變慢，物體也會縮小，這概念徹底顛覆了過去的物理學常識。怪不得「相對論」會成為「難解事物」的代名詞。

愛因斯坦至今仍是最受歡迎的科學家，這有幾個原因。例如知名的吐舌人物像。那張照片拍攝於一九五一年，愛因斯坦七十二歲生日的時候。

愛因斯坦鮮少在人前展露笑容。雖然報社攝影師要他笑一個，他卻下意識地用吐舌取代笑容。據說本人也很喜歡那張照片。

許多令人印象深刻的故事名言也是他深受喜愛的祕密。

愛因斯坦曾以名言「上帝不擲骰子」批判量子力學。儘管不解其意，這句話卻莫名地有說服力。敢於以譬喻主張「事情怎麼可能只在機率論裡發生！」，恐怕也只有天才想得出來吧。

出生德國的愛因斯坦輾轉各地，最後於一九三三年赴美，在普林斯頓高等研究院擔任教授。

這時期還發生過這段小插曲。某位住在普林斯頓的十二歲女孩經常出門做作業。當母親問起女孩去了哪裡時，她回答：

「有個數學很厲害的叔叔，我常跑去請教他。」

確認過住址後，這才發現那裡竟是愛因斯坦博士的家。母親連忙登門致歉，不過愛因斯坦卻答道：

「請不要放在心上。我從她身上學到了更多。」

直到七十六歲辭世，愛因斯坦都沒有離開過普林斯頓。

一九五五年四月十三日，開完電台節目的準備會議後，愛因斯坦因心臟周遭部位突然感到劇痛，被送進了普林斯頓醫院。是腹部主動脈瘤破裂引發了內出血。

然而愛因斯坦卻拒絕手術。他要祕書拿筆記用具過來，打算繼續研究。在病情沒有好轉的情況下，住院三天後，愛因斯坦便嚥下了最後一口氣。

臨終前愛因斯坦嘴裡唸唸有詞，不過由於在場看護人員聽不懂德語，這段話終究成了永遠的不解之謎。

因為愛因斯坦生前交代避免張揚，也不要鮮花跟音樂，葬禮在普林斯頓的告別式會館低調舉行。包含長男漢斯在內，參加者只有十二人。儀式簡樸到一點都不合乎稀世天才科學家之名。

愛迪生晚年熱中於發明「靈界通訊機」

青少年偉人傳記讀物往往少不了湯瑪斯．愛迪生。然而這類傳記裡卻鮮少提及他晚年的特殊研究。

愛迪生想發明的是接收死者聲音的裝置，也就是「靈界通訊機」。二十六歲時，愛迪生便對死後的世界產生興趣，時間意外地早，主要是因為認識了知名超能力者兼靈媒海倫娜．布拉瓦茨基。在那之後，愛迪生時常參加她的降靈會。

仔細一想，愛迪生的發明動力是超乎常人的強烈好奇心。愛迪生兒時有個著名的小故事，也就是放火燒掉了倉庫，會這麼做，是因為他好奇火能拿來做什麼，並非只是想玩火。

當時小說科學怪人熱賣暢銷，整個社會對生命的組成興致盎然。早已是知名發明王的愛迪生，常被記者們問到「死後的世界是什麼樣子」。想必他也想回應社會的期待吧。

在愛迪生發明電影和留聲機之前，根本無法想像圖畫照片會動，或是能夠聽到遠方之人的聲音，也難怪這回人們開始覺得有可能跟死人交談了。

此時愛迪生對「生命」抱持著以下看法。

「人類的靈魂也是能量。宇宙的能量不滅。既然如此，人死後也不會化為烏有。」

在研究過程中，萊布尼茲的哲學影響愛迪生很深。萊布尼茲認為「宇宙是無數靈魂的聚合體，乃由精神能量所構成」。愛迪生對他的想法產生共鳴，無論如何都想解開「人死後會去哪裡」的疑問。

「天才是百分之一的天分加上百分之九十九的努力。」這句話也相當有名，不過關於天分，愛迪生晚年是這麼想的：

「發明不是靠自己的頭腦想，而是從宇宙這個龐大的存在接收訊息，再記錄下來罷了。」

對於凡事理性思考的愛迪生來說，比起無中生有，這種接收訊息的想法反而更加合理吧。

愛迪生於一九三一年過世，享年八十四歲。最後他還是沒能發明靈界通訊機。

偉大的哲學家康德晚年也癡呆了？

許多藝術家和搖滾歌手日子過得荒腔走板，很早就與世長辭，不過十八世紀的哲學家伊曼努爾．康德卻過著相反的生活。

康德天生體質虛弱，所以非常重視健康，尤其注重生活規律。或許是本身的個性使然，他在這方面毫不馬虎。

康德每天早上五點起床，在書房喝兩杯紅茶，抽一斗煙。七點至九點在大學授課，之後寫作到中午，下午一點才用午餐。而且他每天只吃一餐。這也是他特有的健康之道吧。

飯後接著散步。路線和行走速度都有嚴格限制。據說路旁的住戶都是看康德經過來調整時鐘。散步後他繼續寫作，晚上十點上床睡覺。

飲食方面也很用心。

如前述，康德一天只吃一餐，晚上則喝少量的水跟紅酒。明明是德國人，卻很討厭啤酒，深信啤酒有害健康，每當有人過世，他總說「那人一定喝太多啤酒了」。

此外，康德也十分講究「呼吸」。據說他只用鼻子呼吸。理由是用嘴巴呼吸會讓肺部急速冷卻，容易得風濕。近年來，日本也強調用嘴巴呼吸的害處。

康德之所以終生未婚，說不定是因為他認為「結婚有害健康」。

煞費苦心的康德確實活了很久，可惜最後還是敵不過老年癡呆症。過了七十五歲後，他的記憶力開始衰退，重要的事情都必須記在紙上。

然而，隨著症狀惡化，康德甚至忘記自己已經寫過了，同一件事情連續書寫好幾次，所以身邊總是堆滿了便條紙。

此外，原本固定每天只吃一餐的他，這時卻特別嗜食最喜歡的起司。就算吃太多搞壞了身體，他還是巴著看護人員討起司。加上體力衰退，晚年已經不散步了。晚上也大多在十點前就寢。

康德著有《純粹理性批判》，堪稱近代哲學最重要的代表性哲學家之一，然而最後他卻連自己的名字都不會寫。

曾說過「地球依然在轉」的伽利略，下半輩子超乎想像

「地球依然在轉。」

誰也不知道伽利略・伽利萊是否真的這麼說過。雖然這句話十分有名，但也有人認為是後世的創作。既然沒留下證據影片，這謎團恐怕永遠都解不開了。

伽利略一生接受過兩次異端審判（宗教審判），第一次是在一六一六年的時候。伽利略不僅是科學家，更是個巧手的發明家。以自製望遠鏡觀測天體的過程中，他堅信哥白尼提倡的地動說正確無誤。想當然耳，地動說與教會的教諭相悖。教會主張地球才是世界的中心。

順帶一提，伽利略本身是虔誠的天主教教徒。在他看來，科學並不違背神的教諭。

「聖經教我們如何抵達天庭，不是教我們天庭如何運行。」

伽利略曾這麼表示。

不過教會也要顧及顏面。在異端審判庭上，伽利略受到嚴重警告，要求他「今後不得主張地動說」。

之後伽利略撰寫《天文對話》，並於一六三二年出版。內容為三位學者對話的型式，簡單明瞭地解說地動說和地心說的差異，然而此舉卻激怒了教會。伽利略再度被異端審判庭拘提，這回被判有罪，需終生監禁。這時伽利略喃喃說了開頭那段名言。

最後伽利略收回己見，不過像他這麼優秀的科學家，為何不大聲主張自己才是對的呢？

同一時期，有個哲學家修士名叫喬爾丹諾．布魯諾，他因為支持哥白尼的地動說而被審判庭視為異端，遭處火刑。

伽利略深知違抗教會只有死路一條。所以他才收回己見，逃過一死。不過這樣難免有所缺憾，於是支持者們後來又編出了那段名言的故事。

總之，遭到終生監禁（實際上是軟禁家中）後，伽利略開始全心撰寫下一本書。

然而經過四年，伽利略七十三歲時失去了單眼的視力。隔年連另一隻眼睛也看不見，完全失去了視力。長年的天體觀測損害了他的雙眼，尤其透過自製望遠鏡長期觀測太陽的影響最甚。

失明的伽利略讓學生記下口述內容，藉此繼續寫作。他就這樣持續研究，直到將屆七十八歲才過世。

阿基米德忘情埋首於數學式，遭羅馬士兵所殺

說到阿基米德，最有名的故事就屬他光著身子跑出浴室了。不過他之所以得以在數學史上留名，並非全靠「阿基米德原理」。

舉例來說，他曾以特殊方法將圓周率算至三．一四，更早在積分法發明之前計算出弓形面積。

阿基米德的獨到之處在於實際應用數學。無論古今，數學家往往追求理論的「純粹之美」，對於研發實用技術通常不怎麼感興趣，不過阿基米德發現的原理大多都很實用。

例如槓桿定理。阿基米德曾發下豪語說：「給我一個支點，我就能移動地球。」而他也果真應用槓桿定理，讓重得無法拖進海中的大船順利下水，還發明了朝敵人扔擲巨石的武器。

至於「阿基米德原理」的誕生，其實也只是因為敘拉古王強人所難，要求他「在不破壞金冠的情況下，檢驗是否含有其他摻雜物」。

據說阿基米德的遺言是「別弄壞我的圓」。

當時羅馬與迦太基爆發了戰爭。敘拉古王希倫二世始終站在羅馬陣營這邊，然而希倫二世死後，繼位的孫子卻倒戈支持迦太基。西元前二一二年，羅馬軍進攻敘拉古。

阿基米德不僅是位知名學者，更發明了各種武器，為敘拉古軍帶來龐大的貢獻。率領羅馬軍的將軍也知道這點，便命令部下「活捉」阿基米德。

敘拉古淪陷時，阿基米德似乎又有什麼靈感，蹲在地上忘情地畫圖。這時士兵闖了進來，準備一腳踩向他的「塗鴉」。

「別弄壞我的圓。」

阿基米德忍不住粗聲大叫。羅馬士兵一時氣惱，提劍砍去。阿基米德受傷身亡，卒年七十七歲。一生愛好研究的他，也算是死得其所了。

佛洛伊德抽菸過量罹癌，最後接受安樂死

最近抽菸的人少了很多。畢竟以嗜好品來說，香菸要價不菲，外包裝又用大大的字寫著「抽菸有害健康」。除了香菸以外，恐怕沒有其他商品會如此強烈暗示人們「別買」吧。

香菸確實對身體有害。為了怎麼樣都無法戒菸的人，以下就來介紹佛洛伊德的「然後」吧。

西格蒙德．佛洛伊德是位知名的精神科醫生，著有《精神分析引論》、《夢的解析》等書。簡單來說，他的成就是發現「潛意識」。

「其實我是這麼想，我卻不知道。」以前佛洛伊德壓根沒想過會有這種事情。和患者交談的過程中，他從心靈深處找出了本人也不知道的心理（潛意識）。

佛洛伊德從二十多歲開始抽菸。為了健康著想，他每天固定散步，而那條路上有

間香菸舖。不久他抽起雪茄，變成一天抽超過二十支菸的菸槍。

一九二三年，佛洛伊德嘴裡長了腫瘤，後來發展成上顎癌。醫生斷定問題出在雪茄，勸他戒菸。然而佛洛伊德卻一點都不打算戒。

「尼古丁能提升我的生產性和創造性。」

他發下豪語，堅持與其戒菸，不如死了算了。

想當然，病情逐漸惡化，之後十六年共動了三十三次手術。

雖然疼痛變得越來越劇烈，佛洛伊德卻拒絕使用嗎啡等鎮痛劑。因為他擔心麻醉效果會導致思緒遲緩。他總是把學者的身分放在第一順位。

隨著納粹在德國興起，身為猶太人的佛洛伊德逃亡英國。這時他已經動手術切除了下顎及部分上顎，半張臉都沒了，所以每次外出一定都要戴口罩。

儘管病情惡化至此，佛洛伊德直到臨死前還是沒有戒菸。最後更是臉頰穿孔，遭腐敗菌感染而散發惡臭。他的床邊蒼蠅密布，連愛犬也不願意靠近主人。

一九三九年九月二十一日，佛洛伊德自知命不久矣，便找來主治醫生。其實佛洛伊德早就拜託過醫生，請他在自己快要不行的時候「出手幫忙」。

「現在的我只覺得痛苦。」

聽佛洛伊德這麼一說，醫生默默點頭，向家人確認過後，為他注射分量足以致死的嗎啡。佛洛伊德陷入昏迷，就這樣嚥下最後一口氣。

「蒙娜麗莎」的模特兒竟是達文西的男性戀人？

李奧納多．達文西最有名的作品是「蒙娜麗莎」，他本身似乎也相當喜歡這幅畫作，終生不曾轉讓他人，還裝飾在自己的寢室裡。一五一九年，達文西於六十七歲時過世，當時「蒙娜麗莎」被遺贈給一位弟子。

這位弟子名叫吉安．賈可蒙．卡坡蒂。十歲時，他在父親的陪同下，拜達文西為師（順帶一提，此時達文西三十八歲），之後在達文西家住了超過三十年。

卡坡蒂剛來時是個嚴重的問題兒童，不僅隔天就偷錢，用餐時還企圖搶旁人的食物。不過達文西卻對他疼愛有加，為他取了意指為小惡魔的綽號「沙萊」。

達文西還有另一位照顧自己終生的弟子，法蘭契斯科．梅爾茲。有別於頑劣的沙萊，出身貴族世家的梅爾茲態度謙和，舉止優雅。梅爾茲在十四歲時拜達文西為師，之後一直服侍著達文西，達文西臨終之際，也是他守在床邊。

達文西寵愛的兩位弟子陪他度過了晚年。雖然個性互為對比，兩人卻有共通的特徵，同樣都是略顯陰柔的美少年。

其實從紀錄可以看出達文西喜好男色。

根據一四七六年佛羅倫斯的審判紀錄，五位年輕人被控與男妓發生關係。當時同性戀是違背教會教諭的罪行。由於證據不足，五人獲判無罪，事情就這樣不了了之。而這五人之一，赫然就是達文西。

順帶一提，據說嫌犯之一是梅迪奇家的親戚。梅迪奇家握有龐大的權力，將這件事情壓了下來。

可疑的不只如此。雖然達文西的弟子們經常充當草圖和打稿的模特兒，但在一五五五年的素描「化身天使」中，畫中人物的外貌顯然是以沙萊為原型，而且下半身清楚畫著男性勃起的性器官

順帶一提，有人認為「蒙娜麗莎」的模特兒同為沙萊。佛洛伊德也主張達文西是同性戀者。從「蒙娜麗莎」的表情可看出達文西的性向，也就是同性戀者想接受又想拒絕的糾結心情。那神祕的微笑……或許屬於同性戀者？

天才數學家伽羅瓦為女人決鬥而死

十九世紀數學家埃瓦里斯特·伽羅瓦常被冠上「天才」之名。由於天資超越當時水準太多，生前誰也無法理解他的理論。

伽羅瓦二十二歲過世，不過他短暫的人生卻充滿波折。

雖然這情況對天才來說並不罕見，但伽羅瓦的在校成績一點也不優秀，或應該說他的成績很兩極才對——拉丁語和數學的表現優異，對沒興趣的科目卻不屑一顧。因此，他大學落榜了兩次，後來進入高等師範學校。

當時復辟的波旁王朝與市民勢力衝突頻繁。伽羅瓦的父親任職市長，崇尚自由思想，可是卻受保守勢力誹謗中傷而鬱鬱寡歡，最後自殺身亡。

或許是因為這個緣故，伽羅瓦開始參加政治運動。不久被視為是共和派的危險分子，遭當局逮捕。當時牢裡流行霍亂，伽羅尼被移送至療養所。他在那裡認識了典獄長的女兒史蒂芬妮，即導致日後決鬥的女性。

伽羅瓦墜入愛河，向史蒂芬妮求婚，可惜他卻英年早逝。雖然事發過程不明，但伽羅瓦找上和她伯父談好婚事的男性，提出了決鬥的要求。此時伽羅瓦似乎早有一死的覺悟。他留下一封以「我已經沒有時間了」作為開頭的遺書，裡頭寫著未完成的數學構想。

一八三二年五月三十日清晨，決鬥於巴黎郊外進行。伽羅瓦腹部中彈，就這樣被丟在原地。上午九點，偶然經過的農民發現他躺在那兒，這才將他扛進醫院。

不過因為被扔在不乾淨的沼澤地帶裡，傷勢又未經妥善處理，導致伽羅瓦罹患腹膜炎，於隔天三十一日結束了僅二十二年的一生。

關於他的死，還有其他不同的說法。

有人認為是祕密警察預謀殺害身為共和黨員的他，也有人說他試圖犧牲自己，刺激民眾揭竿起義。總之，他的一生確實相當戲劇化。

哲學家笛卡兒於北歐的瑞典過勞死

「我思故我在」堪稱哲學史上最有名的一句話。

留下這句名言的是法國哲學家勒內・笛卡兒。

在笛卡兒之前，主流的經院哲學以信仰為基礎，認為哲學是輔助神學的學問。

笛卡兒對此產生質疑，嘗試以「方法懷疑論」重新看待事物。簡單來說就是懷疑世間萬物的真實性。結果一切都變得曖昧模糊，不過在懷疑的當下，他卻不曾否定自己的存在。換句話說，他向人們揭示了不靠信仰，而是以理性探究真理的方法。

這項成就讓笛卡兒被譽為「近代哲學之父」。「我思故我在」的意義就是如此重大（這也難怪，畢竟是哲學）。

笛卡兒是到了三十二歲才開始正式研究哲學的。學習過數學、法學、醫學等各種學問後，笛卡兒遊歷各地，從浩瀚的世界取經。最後他在荷蘭安頓下來，全神貫注地深入思索，接連發表著作。

為何笛卡兒會前往北歐的瑞典呢？

其實是受到了克里斯蒂娜女王的邀請。雖然克里斯蒂娜在日本沒沒無聞，在歐美卻深受喜愛，還被拍成電影。

她的名氣來自於人稱「北方雄獅」的父親古斯塔夫二世．阿道夫。古斯塔夫二世曾被拿破崙譽為「史上七大傑出戰略家」之一。他擊敗俄國、丹麥、波蘭等列強，讓瑞典一舉躍升為歐洲大國。

隨著父王戰死，年僅五歲的克里斯蒂娜繼承了王位。她從小接受不亞於男性的英才教育，擅長騎馬射擊，精通拉丁語、西班牙語、法語，對於文學藝術也有深入的了解。

此外，她不惜重金購買國外的藝術作品，還從法國延攬優秀的工藝家及建築家。每次有想要的東西，她都非得得手才甘心。

而她看上了當時歐洲最優秀的哲學家笛卡兒。

一開始笛卡兒堅持回絕。想到年過五十還要在寒冷的北歐生活，難免令人卻步。

不過克里斯蒂娜並不死心，甚至還派軍艦前去法國接他。

對方都做到這個程度了，笛卡兒只好前往斯德哥爾摩。

一六四九年十月，笛卡兒抵達當地，自隔年一月起為克里斯蒂娜單獨授課。不過克里斯蒂娜行程忙碌又精力充沛，上課時間安排在早上五點。每週有兩到三次，笛卡兒必須在冬天拂曉前為女王上課。

大概是因為勞累過度的關係，開始上課兩個月後，笛卡兒感冒惡化，最後染上肺炎過世了。這恐怕是歷史上最令人扼腕的「過勞死」吧。

古希臘數學家畢達哥拉斯的死因竟是「討厭豆子」？

現代仍有不少人秉持著「數學就是一切」的信念，好比能幹的業務，或是電視台的製作人，他們一定是畢德哥拉斯一派的後裔吧。

畢德哥拉斯以發現「畢氏定理」聞名。比起數學家，他反倒更像是祕密結社的教主。「萬物皆數（萬物根源）」，這是畢德哥拉斯一派奉行的教義。

換句話說，一切都能用數字表示。例如「1」代表知性，「2」是女性，「3」則是男性。依此類推，「5」是2＋3，所以是結婚的意思。

畢德哥拉斯和眾多弟子過著集體生活，並傳授這類教諭。不過教導內容不得外傳，生活上也有許多必須嚴格遵守的戒律。打破戒律者只有死路一條。

畢德哥拉斯派認為，一切都可以用數字表示，所以任何數字都能用整數比，也就是分數的形式表示。

然而某位弟子發現，$\sqrt{2}$是無法以分數形式表示的「無理數」。使用畢德哥拉斯的定理時，很容易跑出$\sqrt{2}$這個數字。或許是害怕教義出現破綻，畢德哥拉斯以異端份子為由，殺害了這位弟子。

畢德哥拉斯一派還有很多莫名其妙的戒律：

- 不得撕開麵包。
- 不得行走大馬路。
- 洗腳應從左腳開始洗。

食物方面也不例外，其中包含了以下這點：

- 不得食用豆類。

理由不得而知。日後亞里斯多德提出各種解釋，例如類似生殖器、地獄之門、宇宙的形狀，或是對身體有害等等，反而搞得眾人更加混亂。總之，對豆類的厭惡最後終究奪走了畢德哥拉斯的性命。

某天，畢達哥拉斯家遭人縱火。據說原因可能是居民們害怕教團壯大，或是被捲入了戰爭。

為了擺脫緝捕，畢達哥拉斯逃到了一處豆子田。「與其打破戒律進入豆子田，不如死了算了。」畢達哥拉斯留下這句話，慘遭割喉身亡。

照理來說，吃豆子跟進入豆子田根本是兩碼子事，不過也有人認為畢達哥拉斯其實對豆類過敏。

法布爾的大作《昆蟲記》遭學會徹底忽視

《昆蟲記》共十集，是尚・亨利・法布爾的畢生心血。雖然得花很長的時間才能看完，卻是灌注大量時間勞力撰寫的大作。

不過法布爾並非一輩子都在寫這一系列大作。第一集於一八七八年出版，當時法布爾五十五歲。

在這之前，法布爾只是一介教師。由於雙親經濟貧困，法布爾自小就被寄養在祖父母家。十四歲時父親事業失敗，法布爾中斷學業，靠做勞力活賺取生活費，但他不忘學習，最後以第一名的成績自師範學校畢業，當上了高中老師。

拮据的生活不容許法布爾專心觀察喜歡的昆蟲。

不過到了四十五歲，法布爾終於遇到了轉機。在教會裡對市民講課時，他提到了「植物靠雄蕊和雌蕊授粉」的原理，卻被指責為「猥瑣下流」，使得他被迫辭去教職。

雖然生活窮困，但法布爾決定藉這個機會研究喜歡的昆蟲，並以此維生。

如同前述，五十五歲出版了《昆蟲記》第一集後，隔年，法布爾在南法的村子裡買下一棟附有庭院的房子，每天大半的時間都花在觀察昆蟲和寫作上。

不過他並非就此過著悠然自得的生活、專心從事自己喜歡的研究。由於法布爾是自學的業餘學者，他的研究遭學會忽視，書也賣得不好。

幸好這時學生和朋友們出手相助。他們為法布爾舉辦表揚大會，爭取媒體的曝光。成功打開知名度後，法布爾的書籍大賣，總算得以靠著版稅輕鬆過活了。

不過或許是因為宣傳太成功了，歐洲各地民眾可憐法布爾，紛紛寄來捐款。法布爾分毫未取，一一退回捐款。如果寄件人不明的話，他就把錢捐給貧村的人。

一九一五年，法布爾因尿毒症辭世，享年九十一歲。結果他在過世前只享了五年的清福，不過能夠持續觀察昆蟲三十六年，還留下了十集《昆蟲記》，想必法布爾此生也了無遺憾了。

「近代化學之父」拉瓦節被送上斷頭台處死

以科學家來說，被送上斷頭台斬首確實是空前絕後的死法。不過安東萬・拉瓦節並非因此事留名青史，而是因為他留下了足以被譽為「近代化學之父」的重要成就。例如驗證了化學反應前後物質質量不變的「質量守恆定律」。

雖然這在現今已經是常識了，但那是因為國高中都有學過化學反應的原理。不然根本無法想像物質燒成灰後仍保有相同的質量。

十八世紀的科學家們也是如此。當時普遍認為「金屬燃燒時會釋出燃素，然後變成金屬灰」。不過拉瓦節對此產生質疑，並證明了金屬在密封狀態下燃燒後，整體質量不會產生變化。

這位偉大的科學家為何被送上斷頭台呢？

起因是一七八九年爆發的法國大革命。

當時科學家拉瓦節同時身兼政府的稅務官。與其說這是職務，反倒更像一種權利。雖然必須事前繳交預定徵收額，再從民眾身上徵稅，但稅務官有額度的自由裁量權，也就是可以壓榨民眾、中飽私囊。聽說還有人仗著權勢榨取民膏民脂。

只要夠有錢，就能當上稅務官。拉瓦節的雙親都是律師，家境相當富裕。至於拉瓦節為何接下這種引來民怨的職務，至今原因依然不明。有可能只是單純的投資，又或者是需要化學實驗的資金。

總之，法國大革命結束後，經過五年，過去民眾仇視的稅務官都收到了逮捕令，拉瓦節遂主動出面到案。辯護律師提出拉瓦節在科學史上的成就，要求免除其刑，卻遭法庭以「共和國不需要科學家」為由駁回。

一七九四年五月八日，經過簡單的裁決判處有罪後，當天下午就執行了死刑。

隔天，十八世紀最優秀的科學家之一約瑟夫．拉格朗日哀悼說：「砍下這顆頭只需一瞬間，可是即使再過一百年，只怕再也找不到這樣的頭腦。」

天才邏輯學家哥德爾的淒慘下場

以「原子彈之父」聞名的美國物理學家歐本海默曾去探望住院中的庫爾特・哥德爾，當時他對主治醫生說：

「當心點，你的患者可是繼亞里斯多德之後最優秀的邏輯學家。」

物理學家同事約翰・惠勒等人聞言說：

「竟然跟亞里斯多德比，他也未免太小看哥德爾了吧。」

他們無一不感憤慨。

在音樂的世界裡，受專業音樂人所敬重的人被稱為「音樂家中的音樂家」，哥德爾或許也屬於這種類型。他是天才之中備受專業人士推崇的天才。

在日本沒沒無聞的哥德爾，最大的成就當屬「不完備定理」。

簡單來說，就是任何邏輯上的相容體系裡，都有可能存在著無法確定真假的命題。他從邏輯的角度證明了無法驗證理論體系本身完全正確。

說得更單純一點，就算命題為真，也可能無法證明。

對於當時最優秀的邏輯學家和數學家來說，這無非帶來了龐大的衝擊。他們原本認為只要命題為真，任何命題遲早都可以透過數學加以證明。

事實上，「費馬大定理」和「龐加萊猜想」都是這樣證明出來的。「黎曼猜想」和「哥德巴赫猜想」也是，只要命題本身無誤，早晚必然可證，哪怕要花上好幾個世紀。可是「不完備定理」卻粉碎了這份確信，怪不得震撼力如此強大。

一九三一年，哥德爾二十四歲時證明了這項定理。之後他在維也納大學擔任講師，卻為了躲避納粹的迫害而前往美國。

靠著愛因斯坦擔任他的擔保人，哥德爾取得了美國公民權。他在普林斯頓高等研究院擔任教授，繼續研究工作，卻逐漸醉心於神祕學，開始研究起「神的存在」。

晚年哥德爾變得極度內向，常常窩在房間裡，陷入抑鬱狀態。他妄想「有人要毒害自己」，除了妻子做的飯菜之外，他什麼也不吃。

一九七七年，哥德爾住進了普林斯頓醫院。和疾病搏鬥了一年左右後，妻子病倒了。從此哥德爾拒絕進食，最終衰弱而死，卒年七十一歲。

被發現時，哥德爾像胎兒一樣在椅子上縮著身體，體重僅二十七公斤。根據醫院的紀錄，死因為「飢餓性衰弱」。

第4章

比小說更離奇！被埋藏於歷史中的「那個人」的然後

爭取阿拉伯獨立失敗的勞倫斯後來怎麼了？

《阿拉伯的勞倫斯》於一九六二年上映，是留名影史的名作。不過片長將近四個小時，實際觀看過的人或許不多。

電影原型取自真實人物湯瑪斯．愛德華．勞倫斯。第一次世界大戰中，他是主導阿拉伯脫離土耳其獨立的英雄。

勞倫斯原本的專長是考古學，不過高層看重他的語文能力和地理知識，將他分發到中東的英國陸軍情報部。為了攻擊和德國結盟的土耳其，英國支持阿拉伯人展開獨立運動。勞倫斯和阿拉伯位高權重的費薩爾一世有所來往，並率領游擊部隊進攻土耳其。

雖然電影裡將勞倫斯描述成一位英雄，實際上卻未必如此。

勞倫斯的表現欲很強，而且習慣撒謊。傳說中的「活躍表現」大多來自他對同行從軍記者口述的內容，以及後來本人撰寫的自傳。

有證據指出，「阿拉伯起義」實為阿拉伯人自行主導，勞倫斯從未率領過阿拉伯軍。

英國會支援阿拉伯都是為了本國利益，所以勞倫斯對阿拉伯人毫無敬意。而且主導作戰的是總司令艾倫比將軍，勞倫斯根本只是聽令行事罷了。

仔細觀察，電影開頭，在勞倫斯的葬禮上，列席者說：「雖然他是個英雄，卻很愛出頭。」顯見電影同時採納正反兩種意見。

順帶一提，電影裡，主角彼得・奧圖的講話方式較為陰柔，被土耳其軍逮捕後還出現遭男性將校「凌辱」的場面。現實生活中，勞倫斯也確實是個同性戀者，且有被虐傾向。電影裡描述他被俘後遭鞭打至失神昏迷，後來也真的發現他喜歡脫光褲子被鞭打屁股。

勞倫斯在阿拉伯未能獨立的情況下返國，後來他竟使用假名，以二兵的身分加入空軍。但沒多久便東窗事發，遭部隊解職。接著他又把本名改為「湯瑪斯・愛德華・肖」，再次入伍，在空軍服勤了十年以上。

他之所以如此執著於「現場」，是因為自責沒能成功讓阿拉伯獨立？又或者只是喜歡追求刺激呢？

一九三五年，退伍兩個月後，勞倫斯騎乘機車上路時，為了閃避騎腳踏車的少年而摔車。他就此陷入昏迷，並於六天後過世，享年四十六歲。

人氣作家聖・修伯里駕駛的偵察機遭忠實書迷擊落

荷爾斯托・李佩特自幼把飛行員兼作家的聖・修伯里視為偶像。聖・修伯里的作品，包含出道作《南方航線》、《夜間飛行》、《人類的土地》等等，他都愛不釋手。而他長大後加入德國空軍，成為了一名飛行員。

一九四四年第二次世界大戰中，德軍雷達於地中海上空偵測到聯軍偵察機。李佩特隸屬的小隊奉命出擊，當時他二十二歲。發現 P-38 型偵察機後，便遵照命令擊落飛機。

過了幾天，德軍監聽聯軍的無線電，得知聖・修伯里下落不明。

聖・修伯里當時四十四歲。他一邊寫小說，一邊在民間航空公司擔任飛行員。雖然作品不多，卻是風靡全球的人氣作家。接獲召集令時，聖・修伯里主動請求轉調前線，被分配到偵察隊。

德國佔領法國後，聖．修伯里亡命美國。他自願前往北非戰線，加入了偵察飛行隊。由於聖．修伯里已是知名作家，無論敵我都知道這號人物。他在非洲完成最後的作品《小王子》，並出版問世。隔年他駕駛著P-38型偵察機升空，從此失去了音訊。

該不會是自己擊落了聖．修伯里吧？李佩特始終甩不掉心中的疑念，卻從未向任何人傾訴。之後盤據心中的疑惑一直折磨著他。

一九九八年，漁夫在馬賽近海捕撈到銀製名牌，上頭刻著聖．修伯里的名字，消息轟動一時。這下總算知道他失蹤的地點了。經過徹底調查後，又發現了許多偵察機的殘骸，失蹤時的狀況也逐漸水落石出。

某位記者認為，當時的德軍駕駛者可能會知道些什麼，便展開繁瑣的調查，依照退役軍人名單一個一個詢問。

二〇〇六年七月的某一天，記者致電八十八歲的李佩特，探問關於聖．修伯里的情報。李佩特回答：

「不用找了，是我擊落的。」

包含飛航紀錄器在內，所有證據都消失了，所以一切只是推測。不過調查聖．修伯里駕駛的機體後，事發狀況顯然與李佩特的記憶一致。

被問到得知聖．修伯里失蹤的心情時，據說李佩特眼眶泛淚，最後這麼說：

「如果知道是他的話，我就不會開火了。」

蘇格拉底判死的真正理由讓人跌破眼鏡

西元前三九九年，古希臘哲學家蘇格拉底遭到處死。他到底犯了什麼罪呢？官方稱他「信奉異教神明，引誘年輕人墮落」，不過這只是「表面上」的理由。

蘇格拉底是當時最傑出的賢人。據說一名學生曾到阿波羅的神諭處詢問「是否有比蘇格拉底更聰明的人」，女祭司卻告訴他，「除了蘇格拉底以外，沒有人是聰明的。」一聽到這個回答，最先反駁的就是蘇格拉底了。

為了驗證此事，蘇格拉底走訪世間知名的賢人，然而他們都不了解真理。其實蘇格拉底自己也一樣，不過這些人卻自以為知道真理。蘇格拉底明白「自己的無知」。就這點來看，他或許算聰明的。就這樣，蘇格拉底悟出了「無知之知」。

不過蘇格拉底之後的行動太誇張了。

他逢人便問。一開始他很謙遜地請教別人「什麼是〇〇」。若是對方回答了，蘇格拉底就默默地聽。一旦對方的理論出現破綻，他便插嘴打斷，尖銳地提出指責，揭穿對方的無知。

其實這才是蘇格拉底的目的。他只是想告訴大家，「不可以自認知道真理。要明白自己的無知。」

被問倒的人當然覺得不是滋味。於是雅典市民開始疏遠蘇格拉底。光是「惹人厭」並不至於被判死，還有其他政治性的理由使得市民痛恨蘇格拉底。

在之前的伯羅奔尼撒戰爭（西元前四三一年至西元前四〇四年）中，雅典吃了敗仗。阿爾西比亞德斯逃到敵國斯巴達，間接導致雅典敗戰，市民們對他懷恨在心。此外，克里提亞斯之後建立獨裁政權，接連處死了反對派勢力。

這兩人都是蘇格拉底的學生，於是民眾便將無處可去的憤怒發洩在他這個老師身上。

雖然死刑判決明顯不合情理，但蘇格拉底認為必須遵守法律，並未特別辯駁求饒。據說學生們紛紛勸他逃往國外，看守也故意打開牢門門鎖，不過蘇格拉底還是拒絕他們的好意，堅持遵從判決。

執行死刑的那天，蘇格拉底自行端起毒堇汁一飲而盡，隨即躺下來等死。臨死前，他對身旁的好友克里托說：

「我還欠神一隻雞，別忘了幫我還祂。」

蘇格拉底卒年七十歲，那是他最後的遺言。

莫札特過世後，勁敵薩里耶利負責照顧他的遺孤

一般認為「莫札特死於毒殺」，卻沒有證據可供證明。據說犯人是忌妒莫札特才華洋溢的薩里耶利，但並無實證。在電影《阿瑪迪斯》中，薩里耶利晚年住進了精神病院，並坦承「自己害死了莫札特」，實際上卻沒有留下這樣的紀錄。

薩里耶利究竟是什麼樣的人呢？

薩里耶利出生於義大利，一七八八年擔任維也納的宮廷樂隊長，直到一八二四年才卸任，並於隔年過世。畢生作曲歌劇達二十部之多。比起靠自己的作品成名，薩里耶利似乎更擅長挖掘年輕才子、予以指導，一手培育出貝多芬、舒伯特、李斯特等學生。

此外，由於年紀輕輕就失去雙親，吃過不少苦頭，薩里耶利不吝援助經濟困頓的年輕音樂家，並無償給予指導。看來現實中的薩里耶利似乎不像電影裡那麼陰險善

妒。

不過莫札特死後不久，坊間開始謠傳是薩里耶利毒害了他。其實莫札特生前寄給妻子的信上寫著「有人對我下毒」。而且他經常抱怨都是「（宮廷樂隊長）薩里耶利害我不能出人頭地」。

以〈威廉．泰爾〉序曲聞名的義大利作曲家羅西尼，有一次直接當面問薩里耶利：「你真的殺了莫札特嗎？」當時薩里耶利不悅地否認了。

如同開頭所述，莫札特的死因根本還沒釐清。包含急性風濕熱在內，還有其他各種可能，可惜資料不足，現在也無從判斷了。

不過當時維也納有不少人死於同樣的症狀，這點也應該納入考量。

事實上，薩里耶利非但不忌妒莫札特，對他的才能更是大為讚賞，甚至曾撤下自己的作品，在公開活動上演奏他的曲子。此外，他還曾指導莫札特的遺孤弗朗茲．克薩韋爾。不過弗朗茲的天賦似乎不如父親。

薩里耶利晚年不像電影所演出那樣住進了精神病院，而是因為痛風惡化住院。莫札特死後三十二年，薩里耶利對學生這麼說：

「我已經活不久了，不過我以自己的名譽發誓，傳聞並非事實。我絕對沒有殺害莫札特。」

那是薩里耶利過世前兩年的事情。他於七十四歲時嚥下了最後一口氣。

古騰堡拿印刷機抵債

文藝復興時期的三大發明為「火藥」、「指南針」，以及「活版印刷」。高中入學考的參考書裡也寫著這點。

把「火藥」和「羅盤」列入「三大發明」，總讓人覺得匪夷所思。這就跟「土耳其料理是世界三大料理」一樣不可思議（順帶一提，另外兩大是法國料理跟中國料理）。

相較之下，「活版印刷」無疑是項大發明。想像成現今的網路就容易理解了。成就發明「活版印刷」這門大事業的是約翰尼斯・古騰堡。

古騰堡這個人充滿謎團，沒留下太多紀錄。出生年也只知道是一三九八年左右。他是出身德國的金屬工匠，一四四五年構思出活版印刷技術。不過他並非像愛因斯坦那樣，突然迸出相對論這類前人想像不到的點子。畢竟以前就存在有「印刷」

了。

過去的書籍主要為謄本，靠著人力把聖經等內容抄寫在羊皮紙上，開始使用木版技術後，同一內容的書籍便可大量複製。

古騰堡的創新之處在於運用「活版」。他準備大量「活字」字母，並將它們「組裝」製版。無論什麼文章，都能透過字母的組合輕易製版。這套高效率的系統應用了他身為金屬工匠的技術。

古騰堡以不同比例混合鉛、銅、錫等金屬，熔成特殊合金，並從油燈取煤製作黑色墨水。當然，最厲害的還是開發了印刷用的機器。

不過開發需要資金。古騰堡向約翰・福斯特這位有錢的實業家借了高利貸。他邀請福斯特當合夥人，共同創立印刷事業，藉此獲利回收開發費用。這是他的事業藍圖。

然而就在開發獲得成果，終於要印刷第一套聖經出版品時，福斯特卻突然提起償還資金的訴訟，逼迫古騰堡還錢。

當時福斯特借出了一萬六千荷蘭盾，以現在的價值來看，總計超過一億日圓，並不是說情通融就能解決的金額。最後古騰堡敗訴，費心發明的印刷機也被拿去抵債。

獲得印刷機的福斯特後來怎麼樣了呢？

福斯特延攬曾經拜師古騰堡的青年展開印刷事業，並獲得了成功。順帶一提，這位青年原本是福斯特介紹的人，跟著古騰堡學習的期間，和他女兒情投意合，最後還結婚了。

雖然古騰堡看似失去了一切，但他發明活版印刷技術的成就受到肯定，一四六五年時，被宮廷大主教聘用，獲得了豐厚的薪俸。過了三年，他才安靜地辭世。

古騰堡的成就為何受到肯定呢？說來諷刺，雖然他這個人相當神祕，在歷史上幾乎不留痕跡，但那次訴訟的紀錄卻完整保留下來了。

馬可・波羅根本沒寫過《馬可・波羅遊記》？

世上總有愛說大話的人，其「英勇事蹟」更是加油添醋的結果，總是煞有其事地吹噓從未發生過的事情。馬可・波羅晚年也被當成「愛吹牛的人」。

據說馬可十六歲時從威尼斯出發，前往位於極東的中國。他和從商的父親及伯父帶著皇帝的信，花了三年的時間抵達元朝首都。在那裡服侍忽必烈十七年後，才循海路經越南、馬來半島、印度，再度回到了威尼斯。回國時，馬可四十一歲。

那個年代的歐洲，幾乎沒有人去過亞洲。馬可將此行的經驗整理成《馬可・波羅遊記》，引起世人的注目。不少人前來拜訪他，只為了聽他講述見聞。

然而好奇的人們逐漸心生懷疑，再也不把馬可當一回事。從此他便被打上「愛吹牛」的烙印，就這樣於一三二四年六十九歲時過世。《馬可・波羅遊記》被認定屬實已經是他死後超過一百年的事情了。

然而最近傳出「馬可・波羅沒去過中國」的說法，使得情況又徹底翻盤。此一說法的根據是，元朝的相關資料裡根本沒出現過馬可・波羅的名字。的確，罕見的西洋人既然在首都停留了十七年，沒留下紀錄也未免太奇怪了。而且《馬可・波羅遊記》裡滿是當時不可能查證的資訊。

此外，威尼斯到中國的路徑也不明確。許多探險家依循馬可的描述前往亞洲，卻沒有一個人成功抵達。

加上敘述內容都是一般風俗文化，幾乎沒有馬可一行人的經驗談，也完全沒提到當時中國普遍的飲茶、纏足等等習慣，甚至連萬里長城都沒出現。

「馬可・波羅沒去過中國。」倘若如此放話的是企圖吸引注意的無良學者也就算了，但此一主張竟是出自大英圖書館中國文獻部門主管弗朗西絲・伍德之口，當然不容忽視。

其實《馬可・波羅遊記》並非馬可本人所著。馬可被熱那亞軍俘虜時，故事作家魯斯蒂謙剛好與他同獄。他在獄中講述的經驗，被魯斯蒂謙彙整記錄下來。當時魯斯蒂謙刻意寫得更古怪誇張，可能還額外加上了自行調查的故事。

無論如何，

「日本宮廷的天花板、地板、窗戶都是金子做的。」

「印度人出生時是白皮膚，是在成長過程中塗抹芝麻油才變黑。」

書中確實也充斥著許多這類明顯誇大的內容。

貝多芬死後曝光的「永恆的愛人」是？

路德維希・范・貝多芬於一八二七年三月二十六日辭世，享年五十六歲。隔天，在他的遺物中發現了三封信。

這些信跟他僅有的有價證券一起藏在抽屜裡。信件似乎曾寄給某人。上頭沒寫名字，僅在文中以「永恆的愛人」稱之。

「早安，我永恆的愛人。我在床上思念著妳。」

「我們的愛只能靠著犧牲、放棄一切才得以成就嗎？」

這位「永恆的愛人」究竟是誰呢？這個問題不斷玩弄著後來的貝多芬研究者。基於某種原因，貝多芬取回這些曾寄出的信，恐怕是因為在收件人手中被發現會有麻煩吧。這段戀情顯然見不得光，事情變得越來越神祕了。順帶一提，貝多芬終生未婚。

其實「永恆的愛人」有幾位人選。

最先被提出的是朱利葉塔・貴契阿迪，以及泰莉莎・布倫斯維克，兩人是貝多芬朋友的表妹和姊姊。不過沒有證據可以證明她們是貝多芬的戀人。

貝多芬年輕時曾和名叫約瑟芬的女子交往，但約瑟芬後來嫁給了其他男性，過沒多久又成了寡婦。這時貝多芬曾熱情地主動示好，不過在他寫信前就已經被徹底拒絕。

有段時間，貝多芬十分迷戀貴族千金泰莉莎・布倫斯維克。有人認為泰莉莎就是〈給愛麗絲〉中的愛麗絲，是因為貝多芬字跡潦草才被誤讀。

眾說紛紜之下，目前最有可能的人選是安托妮・布倫塔諾。

安托妮嫁給了銀行家，前往維也納照顧生病的父親時，與貝多芬相識，兩人發生不倫之戀。此時她跟丈夫早已沒有感情，甚至考慮跟貝多芬私奔到倫敦。

然而在這個節骨眼上，安托妮卻發現懷孕。孩子是跟幾乎處於分居狀態的丈夫分手前所有有的。

為了安撫心慌意亂的安托妮，貝多芬寄出那三封信。怪不得信裡會寫「妳是我的全部」、「打起精神」、「請冷靜下來」。

據說歌曲集〈致遠方的愛人〉裡，灌注了貝多芬對安托妮的心意。

居禮夫人喪夫後，因不倫風波遭受抨擊

如今諾貝爾獎公布得獎名單時，媒體總會大篇幅報導，得獎者轉眼間成為當紅人物。一九〇三年居禮夫人得獎時也一樣。

由於發現放射性物質鐳，以及相關研究獲得肯定，人稱居禮夫人的瑪麗・居禮，與丈夫皮耶等三人在這年獲得第一屆諾貝爾物理學獎，一下子聲名大噪。

媒體紛紛湧入研究室，人們還把香菸和賽馬等等命名為「居禮」。據說這是科學使人狂熱的第一個例子，不過原因並非只是「諾貝爾獎」那麼單純，他們發現的放射線更被視為「根絕癌症的夢幻療法」。事實上，現今廣泛使用的放射線療法，就是建立在他們發現的技術上。

如果居禮夫人取得放射線治療的專利，說不定早已累積龐大的資產，甚至超越諾貝爾和比爾・蓋茲。

不過她卻沒有這麼做。有一次瑪麗告訴丈夫皮耶這個想法，卻被他以「違反科學精神」為由，一口拒絕。

「誰都不該用鐳賺錢。鐳是元素，為全人類所共有。」

日後被問起同樣的問題時，瑪麗總是這麼回答。

獲得諾貝爾獎後，居禮夫妻的生活沒有改變。兩人同樣埋首於研究之中，照常為生活費操心。

得獎後過了三年，居禮夫妻的生活產生了重大變化。結束演講返家的路上，皮耶被馬車撞死了。瑪麗失去丈夫，只好獨自繼續研究。

這時扶持她的是亡夫的學生保羅·朗之萬。然而兩人的戀情卻遭世人強烈譴責。因為保羅已經結婚了。無論古今，媒體總是很愛攻擊外遇的名人。

不過這次風波根本是毫無根據的誹謗中傷。瑪麗在全是男人的學術界裡獲得成就，招來旁人的忌妒。當時對女性的偏見與歧視根深柢固，瑪麗也曾因為身為女性，遭法國科學院拒絕入會。

瑪麗充滿波折的一生於一九三四年落幕。由於長年在研究室裡接觸放射能，她得了再生不良性貧血，也就是白血病。

當時幾乎沒有人知道放射能的危險性，對瑪麗來說，直接觸碰鐳是很正常的事情。她留下的研究筆記至今仍散發微量放射線，需穿上防護衣才能觸碰。

瑪麗對協助治療的醫生說「別管我了」，隨即閉上眼睛，再也沒有醒來。

有人比達爾文更早歸納出「演化論」？

查爾斯・達爾文的演化論被稱為科學史上的革命，重要性堪比相對論和量子力學。雖然日本人很難有所體會，但基督教認為「人類是由神創造出來的，我們的祖先是亞當夏娃」。要是有人說自己的祖先其實是猴子，他們當然無法接受。至今美國仍有人無法接受演化論，甚至反對學校教授。

演化論問世的過程相當複雜。

其實與達爾文同一時期，還有另一個人歸納出幾乎相同的結論。那就是阿爾弗雷德・羅素・華萊士。

在印尼捕捉採集各種生物加以調查時，生物學家華萊士發現了演化與自然淘汰原理，並寫成論文。這是前人未曾想到的創新理論。

華萊士將論文寄給了倫敦的達爾文。雖然兩人素不相識，但達爾文是這個領域最知名的學者。

達爾文急了。二十多年前搭乘小獵犬號航海時，他早已想到自然淘汰原理，卻還沒能整理成論文。

這樣下去的話，這項發現將會被人搶走！於是達爾文參考華萊士的內容撰寫論文，獨佔了發現者的榮譽。

如此顯然有抄襲之嫌。不過事實還要更複雜一些。

達爾文確實受華萊士的論文刺激才完成了演化論，可是他並沒有把華萊士的論文束之高閣，而是連同自己的論文一起發表。換句話說，在這個時間點上，沒有所謂先後問題。

不過與達爾文交好的植物學家約瑟夫·胡克，以及地質學家查爾斯·萊爾卻在此時推了一把。兩人展開宣傳活動，高調推崇好友的成就。當時達爾文已是學會知名的學者，華萊士卻沒沒無聞地在印尼做田野調查。結果別人提到演化論時總是最先想到達爾文。

華萊士本人對此是怎麼想的呢？他非但不恨達爾文，反倒充滿了感激。

畢竟華萊士只是一介無名學者，就算再怎麼堅持主張，恐怕學會也不會加以青睞吧。而令人尊敬的研究者達爾文把華萊士列為共同研究者，等於認同了他。兩人在這次契機下結為好友，華萊士成為「達爾文演化論」的擁護者，甚至寫了《達爾文主義》一書。

華萊士於一九一三年辭世，享年九十歲（達爾文則在一八八二年七十三歲時過世），紐約時報譽之為「偉大知識份子集團最後的巨人」。

真正的「電影之父」路易斯・普林斯斯離奇失蹤

是誰發明了會動的照片，也就是電影呢？聽到這個問題時，你會想到哪個名字？一定是湯瑪斯・愛迪生吧。他於一八九一年發明電影放映機，並取得了專利。

那麼比較小眾的盧米埃兄弟呢？一八九五年，他們發明了在銀幕上投出影像的電影機，並舉辦上映活動，讓一般觀眾付費進場觀看。據說這是世上最早的上映電影。

不過現在普遍認為法國人路易斯・普林斯可能才是真正的「電影之父」。

他比愛迪生早七年發明了可拍攝影片的相機，並於一八八八年拍攝世界第一部電影《朗德海花園場景》，不過影片全長僅二・一一秒。雖然內容只是人物穿越庭院，但相片會動畢竟是全球創舉，在當時的人們看來，恐怕就像魔法一樣吧。

普林斯另外拍了幾部電影，準備在美國舉辦上映會，卻在那之前離奇失蹤。

一八九〇年，普林斯去第戎找兄弟報告近況，隨後搭火車前往巴黎，可是在巴黎迎接的朋友卻始終等不到他。車上也不見屍體和行李。

在這起離奇失蹤事件當中，嫌疑最大的是愛迪生。當時電影問世只是時間上的問題，大家都很關注誰會獲得這份榮耀。莫非愛迪生搶先得知普林斯開發成功，用某種手段暗殺了他？

人稱發明王的愛迪生十分執著於這項權利，數度興訟爭取電影相關專利。雖然法國警察徹底進行了搜查，卻苦無可疑的目擊情報，路線周邊也找不到任何遺留物。最後這起事件變成無頭懸案，普林斯就這樣被電影史遺忘了。

然而這起事件還有奇妙的「後續」。

普林斯失蹤超過一百年後，二〇〇三年，巴黎警察的紀錄中發現了一張一八九〇年拍攝的照片，上頭溺死的屍體疑似為普林斯。為何當時沒找到這張照片呢？為何現在才發現呢？事情越來越撲朔迷離了。

發現「萬有引力」後，牛頓在造幣局任職，沉迷於煉金術

艾薩克・牛頓為科學史上的泰斗。雖然他以發現萬有引力聞名，但另外又有微積分及光學原理等重大發現，合稱「牛頓的三大發現」。少有科學家獨自一人達成被譽為「三大」的成就。

據說這些大發現皆成於牛頓二十三歲的時候。這一年到底發生了什麼事？

牛頓二十三歲時是一六六五年。這一年，倫敦黑死病大流行，不僅死者多達七萬人，劍橋大學也關閉了一年。

牛頓離開大學，疏散到鄉下老家。在安靜的環境中，他得以慢慢沉思，研究大有所獲。無論古今，位於都市的大學可能都不適合學習吧。

一六八七年，牛頓在著作《自然哲學之數學原理》中發表萬有引力理論，因而聲名大噪。不過之後牛頓卻從事意想不到的工作。他似乎亟欲出人頭地，挑戰國會議員

失利後，又靠著過去的學生牽線，當上了皇家造幣局的幹事。

牛頓在這裡發揮實務本領，接連逮捕偽造貨幣者，揪出製造偽鈔的大型犯罪集團首腦，更肅清局內的貪污行為，毫不留情地加以處罰。此外，他投注驚人的熱情，親自設計難以偽造的精緻頭像等等，再度創下功績。

這期間，牛頓還沉迷於煉金術。所謂煉金術，是以鉛和鐵生成金的技術，自古希臘亞里斯多德時代便開始了這項研究。以現代科學的常識來看，這當然是不可能的事情，雖然有違科學史上的泰斗之名，可是牛頓卻非常熱中這項不科學的研究。

日後發現的親筆文件裡更有諾斯特拉達姆士式的預言：「我成功解讀了舊約聖經但以理書。雖然原因不明，但世界末日最快將在二〇六〇年到來。」

在相對論和量子力學確立的現今，牛頓早已是「古人」了，肖像畫裡的他也更接近中世紀的人。牛頓和煉金術的組合，就現代看來似乎也不奇怪。

牛頓的勁敵虎克不知為何沒留下任何肖像畫

前述的牛頓看見蘋果從樹上掉落，因而發現了萬有引力，可是卻有人聲稱自己告訴牛頓萬有引力的法則。那就是英國科學家羅伯特．虎克。

虎克以彈簧伸長量與施力成正比的「虎克定律」聞名。這種理所當然的事情，感覺好像不值得稱為「定律」，不過他另外又以顯微鏡仔細觀察微觀世界，發現了細胞，還自行製作改良科學實驗所需的真空管和望遠鏡，在各個領域都留下成就。

除了彈簧之外，虎克定律更是研究物體（包含氣體）受力狀態的一環。

牛頓作為天才數學家兼科學家嶄露頭角時，虎克已是皇家學會的中心人物。這兩人似乎怎麼樣都不對盤，時常針對望遠鏡的使用方式等等爭論不休。不過因為不擅與人辯論，牛頓並不喜歡站到台前。

其實虎克和牛頓「和解」的時期，兩人曾通過好幾次信。在某封信裡，虎克問牛頓：「行星運動受切線方向的直線運動與太陽引力影響，這假設你覺得怎麼樣？」另外也提到引力與距離平方成反比。

不過之後兩人的關係出現裂痕。一六八七年，牛頓出版《自然哲學之數學原理》，獲得熱烈迴響。此時虎克卻拿出當時通信的內容，主張自己發現了萬有引力。對此，牛頓反駁自己早已發現距離的逆平方定律，更在虎克之前就提過這件事情。

事實上，透過行星運動等等，重力與距離平方成反比的假設在這時候早已廣為人知。兩人都有可能自行得出這個結論。有一說是牛頓將它公式化。不過激發他的未必是蘋果，也有可能是和虎克的信件往來。

總之，在牛頓越來越受世人注目的情況下，虎克於一七〇三年悄然辭世。不知道為什麼，牛頓的宿敵羅伯特．虎克並未留下半張肖像畫。然而紀錄指出，當時皇家協會的集會室裡掛著會員的肖像，其中以虎克的特別氣派。

此外，皇家協會幾乎沒留下關於虎克的官方紀錄。如今是靠著分析虎克留下的日記等等，才得以讓他的成就獲得平反。

其實虎克死後，就任皇家協會會長的正是牛頓。排除眾議決定遷移學會的也是他。說不定牛頓趁亂燒光了仇人虎克的相關資料。

諾貝爾獎的設立竟是因為「錯誤報導」？

諾貝爾獎是全世界最有名的「獎」，連小學生都知道。上了國高中後，至少都知道「諾貝爾是科學家的名字，他是發明炸藥的人」。

不過你不覺得奇怪嗎？為什麼炸藥發明者的獎具有這麼高的權威性？就科學史上的成就來看，明明還有發現萬有引力的牛頓，以及確立相對論的愛因斯坦，就算有他們的「獎」也不奇怪。其實在這之中有個超乎意料之外的理由。

一八三三年，阿佛烈．諾貝爾出生於瑞典的斯德哥爾摩。父親原本是建築師，不過後來事業失敗破產，便發揮發明的長才，成功製造出機械和爆裂物，並在克里米亞戰爭中，靠著製造武器大賺一筆。

在這樣的家庭環境下，諾貝爾從小就對工學感興趣，尤其鍾情爆裂物。長大後，埋首於研究爆裂物的諾貝爾注意到硝化甘油。硝化甘油爆炸威力驚人，性質卻極不穩定，使用不易。不過諾貝爾混合硝化甘油和矽藻土，成功製造出在穩定狀態下引爆的炸藥。

炸藥主要用於土木工程或採掘，軍事需求也很大。諾貝爾取得五十多國的專利權，開了近一百間工廠，並建立起龐大的財富，成為全球的大富豪。

以上是常見的成功者故事。問題是「然後」。

某天，諾貝爾在報上看到自己的死亡報導。標題是「死亡商人逝世」。「阿佛烈・諾貝爾博士，發明了史上在最短時間內殺害最多人的方法，並藉此賺取財富的人物於昨日去世。」

這是誤報。報社把他跟昨天去世的哥哥搞混了。

諾貝爾大為震驚。此後他開始認真注意世間對自己的觀感。這是他五十四歲時的事情。

經過思考，諾貝爾在遺書中表示，死後將捐出遺產的九四%設獎。以現在的價值換算，這筆錢相當於兩百五十億日圓以上。

他在遺書中指定五個授獎領域，即物理學、化學、醫學和生理學、文學，以及頒給「有助於縮減軍備與推動和平的個人團體」的和平獎。現在又多了一個「經濟學獎」，這是在諾貝爾過世後，二〇〇一年應遺屬要求新設立的獎項，嚴格來說，獨立於原本的「諾貝爾獎」。

現在每年播出諾貝爾獎的新聞時，電視上總看得到當紅得獎者羞澀的模樣。雖然諾貝爾的名字連小學生都知道，但現在已經沒有人譏他為「死亡商人」了。

第5章

與作品之間的反差才有吸引力!?打破「作家、藝術家」巨匠形象的然後

塞萬提斯讓出《唐吉軻德》的版權，最後貧困而死

二〇〇二年，挪威書迷俱樂部邀請全球一百位知名作家，票選出「世界百大小說」。塞萬提斯的《唐吉軻德》榮登第一名的寶座。

《唐吉軻德》著於一六〇五年，是塞萬提斯五十六歲時所寫，也就是晚年的作品。他在牢裡構思情節打發時間，出獄後一口氣完成了這本書。《唐吉軻德》出版後大獲好評，成為了暢銷書。不過話說回來，他為什麼會被關進牢裡呢？

這時塞萬提斯墜入了貧困的深淵。

塞萬提斯曾自願加入海軍，參與勒班多海役，卻在戰爭中失去了一隻手，還在阿爾及爾被俘，在牢裡待了五年。多虧家人湊齊了贖金，他才總算得以返國。可是後來他找不到滿意的工作，即便想靠文筆謀生，創作的劇本也賣得不好。

這時扛起全家經濟重擔的父親過世，家裡又只有妻子、姊妹、姪女、女兒，全是

女性。據說為了賺取生活費，她們甚至不惜賣春，或是做出類似結婚詐欺的事情。

塞萬提斯自己找到了稅吏的工作，可惜運氣不好，寄存稅款的銀行破產，導致他繳不出稅金和追徵金而入獄。

經過一連串不幸的遭遇，他寫出了《唐吉軻德》。一六〇五年甫一出版，這本小說便成為暢銷書，光是這年就再版六次。嘉年華會上更有許多人扮演唐吉軻德，以及隨從桑丘．潘薩。

塞萬提斯一舉躍升為暢銷作家。本以為這樣就能擺脫貧困的生活……實際上卻非如此。

因為他以低廉的價格讓出了小說的版權，而且還把這珍貴的版權費賭光了。這男人真是有夠沒用，不，是太不走運了。

不過跟小說主角一樣，塞萬提斯並沒有因此一蹶不振。

他完成《唐吉軻德》第二部，並於一六一五年出版，同樣創下銷售佳績。然而這回塞萬提斯也沒有沾到好處。因為隔天他就去世了，享年六十九歲。

《湯姆歷險記》的作者晚年突然改寫悲觀主義的作品

說到青少年冒險小說的作者，往往令人聯想到感覺善良溫柔的男子，不過《湯姆歷險記》的作者馬克・吐溫卻不太一樣。肖像畫上的他肌肉結實，有種類似演員藤岡弘的男子氣概。

《湯姆歷險記》在日本也改編成動畫，許多孩童都很熟悉，不過馬克・吐溫本人在前言裡說道：「希望曾為青少年的大人們也能閱讀此書。」事實上，馬克・吐溫在美國是國民作家，連福克納跟海明威都對他表示敬意。

一八三五年，吐溫出生於密蘇里州的漢尼伯。這年剛好觀測到哈雷彗星。之後他常說：「我隨哈雷彗星來到地球，未來恐怕也將隨哈雷彗星離去吧。」

當上記者後，吐溫以歐洲和夏威夷遊記打出知名度，隨後於一八七六年出版《湯姆歷險記》，成為暢銷作家。相當於續作的《頑童歷險記》同樣大受歡迎，獲得可觀的版稅。

他的心情大概就像誣指其他小孩在牆上塗鴉，自己霸佔寶物和食物笑個不停的湯姆吧。

吐溫將資產大量挹注在蒸氣發電機、海洋電信裝置、新式排字機等新創技術和發明上。當時美國經濟景氣，投資前景看好。

然而美國夢持續不久。吐溫的投資全數失敗，最終破產。為了還債，他只好展開全世界巡迴演講。

不只如此，吐溫自行創立的出版社也破產倒閉，接著又面臨母親過世、長女猝死、妻子病歿等等不幸變故。

或許是受境遇影響，過去純真幽默的作風，到了晚年突然轉變成極端的悲觀主義。

好比一九〇六年出版的《何謂人類?》。內容採對話形式進行，登場人物是對人生幻滅的老人，以及滿懷希望的青年。

這位老人抱持著虛無主義，悲觀得無可救藥。他在書中說道：「人類不過是為私欲而動的機械。」「人類的所有行動都是為了滿足自我。」而且最後老人還辯倒了試圖反駁的青年。

想當然耳，老人就是吐溫的分身。

一九一〇年，吐溫孤獨地嚥下最後一口氣。碰巧在這一年，睽違七十五年後，哈雷彗星再度被觀測到了。

莎士比亞吃了腐壞的鯡魚而死

威廉．莎士比亞恐怕是全世界最有名的劇作家吧。《羅密歐與茱麗葉》、《哈姆雷特》、《馬克白》、《仲夏夜之夢》，這些作品無人不知無人不曉。

一五六四年，莎士比亞出生於倫敦以北車程兩小時的某個村子。十九歲時，莎士比亞來到倫敦，可是之後七年卻沒留下任何紀錄。到了二十六歲，他突然以新銳劇作家之姿嶄露頭角。

往後二十年積極展開創作活動，著有三十七部劇作，留下一百五十四首十四行詩，更獲得商業上的成功。一六一三年引退回到故鄉時，他買下了村裡第二大的房子。據說他在這棟豪宅裡過著悠然自得的生活。

不過包含前述的「七年空白」在內，莎士比亞的經歷充滿了謎團。以藝術家來說，他的人物像也顯得相當俗氣。

莎士比亞在四十九歲時引退。考慮到當時的平均壽命，倒也不能算是太早，不過在這個年紀退隱鄉間購買豪宅實在不像藝術家的作風。而且他還為錢興訟，被官司拖累。

據說莎士比亞十分小氣。次女的丈夫在村裡鬧出醜聞受人唾棄時，莎士比亞立刻重寫遺書，決定不給他任何遺產。

順帶一提，遺書裡交代大部分遺產都留給長女，長年陪伴的妻子只得到「第二好的床」。

種種謎團讓人不禁懷疑莎士比亞這號人物是否真實存在，又或者是別人冒用莎士比亞之名創作作品。

在故鄉買下豪宅後，經過三年，莎士比亞於五十二歲時辭世。死因是食用腐壞的鯡魚造成感染。

有錢到買得起豪宅的他，為什麼要吃腐壞的鯡魚呢？莫非是小氣作祟，捨不得丟掉食物，所以乾脆吃掉了呢？

童話作家安徒生晚年得了「活埋恐懼症」

「我的一生充滿波折，卻也十分幸福，恰如一篇美麗的故事。」

以《醜小鴨》、《人魚公主》等作品聞名的漢斯・安徒生，在最早的自傳裡寫下這段開場白。之所以特別點出「最早」，是因為他一生寫過好幾次自傳。對他來說，自傳或許也是某種「創作」吧。不過他的一生絕不像自傳裡寫的那麼幸運。

一八〇五年，生病的鞋匠父親和迷信的母親生下了他。一家子過著貧困的生活，所有人都擠在同一個房間睡覺。從小喜歡幻想的安徒生嫌棄平凡的工匠工作，嚮往成為藝術家。

十五歲時，他前往哥本哈根，立志成為歌劇歌手。另一方面又想當一名劇作家，不斷地嘗試創作。此外他還去上丹麥皇家芭蕾舞團的芭蕾學校。雖然做了許多努力，但他的才能卻得不到認可，生活依舊窮困。

在這種情況下，安徒生三十歲時出版的小說《即興詩人》獲得熱烈迴響。從此知名度大開，一生寫下無數童話。

然而安徒生的下半輩子並非一帆風順。他終生未婚。雖然不討厭女性，也會談戀愛，可惜最後都沒有結果。簡單來說，就是沒女人緣。

安徒生長相還可以，可是個性太糟糕了。為了讓喜歡的女性認識自己，他會寫自傳送給對方，內容多達好幾百頁，難怪女性往往退避三舍。

據說安徒生晚年有強迫症傾向，什麼事情都怕。

例如他經常擔心護照上的資料有誤，還隨身攜帶繩索，以便發生火災時立即逃生。訂作的衣服送來時，他也覺得那是別人的衣服，害怕對方氣沖沖地前來索討。

有一次安徒生聽說某個男人睡著時，其他人誤以為他死掉而將他下葬。在那之後，安徒生始終甩不掉「活埋的恐懼」。為了避免自己睡著時被掩埋，安徒生總是把寫著「我沒死」的便條紙放在枕邊入睡。

安徒生於一八七五年七十歲時辭世。可惜找不到紀錄證明當時枕邊是否放了便條紙。

為了解決長年的三角關係，雕塑家羅丹做了些什麼？

藝術家大多有段不得志的時期。而藝術家在困頓之際跟認識的女性結婚，兩人同甘共苦的故事時有耳聞。

只是，等到出人頭地時，藝術家往往又「透過藝術」認識年輕貌美的女性。如同奧古斯特．羅丹、蘿絲．伯雷，以及卡蜜兒．克勞黛。

蘿絲和羅丹相識時，羅丹二十四歲，以縫衣為生的蘿絲當時二十歲。兩人很快墜入愛河，開始同居。雖然羅丹成名前收入微薄，蘿絲卻無私地支持著他。可是不知道為什麼，這時兩人並未登記結婚。

不久，羅丹在美術界嶄露頭角，以一流藝術家的身分大展長才，生活也變得闊氣浮誇，跟許多女性傳出緋聞。

這時，以當上雕塑家為目標的卡蜜兒．克勞黛出現了。對四十三歲的羅丹來說，十九歲的卡蜜兒不僅年輕貌美，更是才華洋溢的謬思女神。在卡蜜兒看來，羅丹則是值得尊敬的師傅。不久，兩人發展成男女關係。

然而結局卻跌破所有人的眼鏡。

羅丹公然和卡蜜兒交往，卻不肯跟蘿絲分手。結果這段三角關係維持了十五年之久。精疲力竭的卡蜜兒逼迫羅丹做出決定，羅丹只好忍痛選擇了蘿絲。受到打擊的卡蜜兒抑鬱寡歡，在精神病院住了三十年。

另一方面，羅丹和蘿絲則照常同居，依然沒有登記。最後蘿絲的健康狀況惡化，得知死期將近，兩人這才辦了結婚手續。當時羅丹七十七歲，蘿絲七十三歲。

聽說主持儀式的市長請羅丹起誓時，羅丹一瞬間說不出話來。直到市長小聲在耳邊說：「是，我願意。」他才照本宣科地覆述一遍。另一方面，蘿絲則是手貼在胸前，用響亮的聲音說出了誓言。

過了兩個星期，一九一七年二月十六日，蘿絲嚥下了最後一口氣。同年十一月十日，羅丹也隨她而去了。

三大悲劇詩人之一，埃斯庫羅斯被從天而降的烏龜砸死

每年夏天總會舉辦「音樂祭」，許多觀眾紛紛湧至戶外舞台，沉浸在狂熱的氣氛之中。本以為這是最近的流行，沒想到古希臘就有這類活動了。

西元前，雅典每年都會舉辦名為「戴奧尼索斯祭」的一大盛事。戴奧尼索斯又稱巴克斯，是酒神及戲劇之神。除了音樂以外，慶典上還上演各種戲劇，由評審投票決定優劣。

這時期的人氣劇作家有埃斯庫羅斯、索福克勒斯和歐里庇得斯，後世稱之為「三大悲劇詩人」。想必不少人都在上世界史的時候學過吧。他們創作的希臘悲劇被視為歐洲戲劇的起源，如今依然在各地上演。

其中有些什麼樣的故事呢？

埃斯庫羅斯的《阿加曼儂》是丈夫戰勝歸來後謀害妻子與其情夫的故事；索福克

勒斯的《伊底帕斯》講述伊底帕斯王收到神諭，最後一如預言，弒父娶母；在歐里庇得斯的《美狄亞》裡，美狄亞公主遭丈夫背棄，為了報仇，接連殺死丈夫的愛人和父親，甚至對自己的孩子痛下殺手。話說希臘悲劇的尺度實在無法跟午間劇相提並論。

三大悲劇詩人之一的埃斯庫羅斯死得相當離奇。據說他被掉下來的烏龜砸死。以下是關於此事的逸聞。

有一次，占卜師預言「埃斯庫羅斯離開時，某種東西會掉到頭上砸死他」。到了這天，他遠離高樓和樹木，在寬廣的草原中午睡。這時，烏龜從天而降，砸死了他。

為什麼烏龜會掉下來呢？據說有隻老鷹抓到烏龜，正打算摔在石頭上破壞硬殼吃掉。可是老鷹卻誤以為埃斯庫羅斯光禿禿的頭是岩石，結果反而是頭破了。

這故事不僅出現在夏目漱石的《我是貓》一書中，瓦萊里烏斯．馬克西姆斯也在其著作《善言懿行錄》裡介紹過。雖然真實性不明，但某些老鷹確實有這種習性。換作現在，這件事情肯定在電視或 YouTube 上被當作奇聞討論。為了避免危險，禿頭的人也都不能外出了。

最近也有魚或青蛙從天而降的傳言，或許並非空穴來風。

《最後的審判》作者米開朗基羅臨死前還懷有罪惡感

文藝復興末期的佛羅倫斯動盪不安，許多學者和藝術家隨時代的浪潮擺盪，大藝術家米開朗基羅也是其中之一。

一五二七年，共和派於佛羅倫斯崛起，驅逐了梅迪奇家族。這是因為教宗克勉七世仗著自己出身梅迪奇家族，把持市政的關係。

米開朗基羅小時候，佛羅倫斯係由梅迪奇家族所統治。在保護文藝的梅迪奇家族治理下，米開朗基羅學習建築繪畫，最終才得以開花結果。出身梅迪奇家族的利奧十世和克勉七世被選為教宗後，便特別拔擢米開朗基羅，全權委任他建設聖羅倫佐大殿。

共和派將佛羅倫斯還諸於民後，米開朗基羅拋開梅迪奇家族，選擇和民眾站在同一陣線，成為「保護佛羅倫斯」的軍事委員會成員。身為建築師的米開朗基羅重建修復各地的城寨，為避免市民遭受梅迪奇派的反擊而四處奔走。

不過一五三〇年發生內鬨，導致佛羅倫斯淪陷。梅迪奇家族再度掌權，共和派的指揮者接連被捕處死。

這時米開朗基羅躲在梅迪奇家族禮拜堂的地下室，半年後才出來。教宗克勉七世以「效命教宗」作為交換條件，赦免了米開朗基羅。

不過之後米開朗基羅終生為此事所苦。許多朋友遭到處刑，失去了性命，自己卻躲起來，還獲得教宗的赦免逃過一死，使得他一輩子都背負著罪惡感。

一五三六年，米開朗基羅奉克勉七世之命著手製作《最後的審判》，以前所未有的創新手法繪製這幅宗教畫傑作。

基督位於畫作中央，其下為聖巴多羅買。這位被活生生剝皮而死的聖人，手上拿著褪下的人皮。皮上的臉是米開朗基羅的自畫像，顯見他希望擺脫過去的罪孽，重獲新生，接受「最後的審判」。

一五六四年，米開朗基羅於羅馬辭世，享年八十八歲。遵照遺囑，將其遺體送回佛羅倫斯，葬在聖十字聖殿。自從那天離開地下室以來，他總算再度回到了佛羅倫斯。

托爾斯泰和妻子吵架離家出走，最後客死車站內

列夫・托爾斯泰為十九世紀俄國文學泰斗，留下《戰爭與和平》、《安娜・卡列尼娜》、《復活》等諸多名作。但晚年他花費在研究宗教和教育事業上的時間，反而比寫作要來得更多。

托爾斯泰出生在歷史悠久的伯爵家，日常起居都有僕人伺候。不過隨著接觸平民的機會增加，托爾斯泰開始對這樣的生活產生疑問。他認為私有財產是萬惡的根源，遂諫請皇帝尼古拉二世廢除土地私有制度。皇帝當然不可能答應，於是他決定至少放棄自己的財產，施捨給貧窮的人們。

這時托爾斯泰過著跟以往大不相同的生活。他以自給自足為原則，不僅親自下田耕作，連打掃房間也是親力而為，甚至跑去鞋店學習鞋子的做法，自行製作長靴。

想當然耳，家人不可能喜歡這種生活。妻子索菲亞長年陪伴托爾斯泰，為他生了

十三個小孩。可是丈夫卻打算拋棄私有財產，連作品的著作權都不要了。夫妻倆為此成天吵個不停。

經過討論，兩人決定將財產分給孩子，著作權則全權交由索菲亞處理。索菲亞馬上出版了《托爾斯泰著作集》，從中獲得高額收入。

托爾斯泰當然對索菲亞的行為感到不是滋味，夫妻關係更加惡化。

某天晚上，托爾斯泰突然在兩點多醒來。他發現書房燈亮著，裡頭有人。原來是索菲亞在書房裡東翻西找。托爾斯泰很快就知道妻子在找什麼。他正瞞著妻子草擬遺囑，打算把所有財產都處理掉。索菲亞就是在找這封遺書。

「我再也無法忍受了。」

於是托爾斯泰決心離家出走。到了早上，托爾斯泰留了封信給妻子，隨即在醫生好友的陪伴下離家。

「我只能這麼做了。妳或許會難過，但還請妳諒解。」

十天後，托爾斯泰坐火車時突然感到身體不適，被醫生好友扶下車。最後就這樣在小車站的站長室裡長眠，享年八十二歲。

作曲家羅西尼在全盛期閃電引退，行事出人意料

「你最棒的作品是？」被問起這個問題時，查理・卓別林總是回答：「下一部作品。」藝術家往往持續追求更好的境界，不過其中也有人早早封筆，宣布引退。

作曲家喬奇諾・羅西尼以《塞維利亞的理髮師》、《威廉・泰爾》等歌劇作品聞名。然而在三十七歲人氣達到巔峰、收入最豐厚的時候，他卻突然宣布引退。到底是發生了什麼事情呢？

原因是一八三〇年的法國七月革命。

羅西尼的才能很早就獲得肯定，被譽為天才作曲家。當時國王查理十世更賜予他終身年金，以及「法國國王的首席作曲家」稱號。不過查理十世卻在七月革命中退位，終身年金也就此取消。

羅西尼氣得提起訴訟，要求支付年金，並順勢宣告再也不寫歌劇了。

有人認為他是想藉由罷工對法國政府施壓，也有人認為他的熱情早已從作曲轉移到美食了。

當時他已是聞名社交界的絕世美食家。除了作曲收入外，他又領有高額的終身年金，每天都能享盡各種美食。

從許多故事中可以一窺他的美食家作風。例如他在讚譽小提琴名家帕格尼尼的信裡就提到：

「我一生只流過三次淚：自己第一齣歌劇被觀眾奚落的時候，和友人乘船出遊途中，塞有松露的火雞掉進湖裡的時候，以及聽帕格尼尼演奏的時候。」

被拿來跟火雞相比的帕格尼尼恐怕也是哭笑不得吧。

最後羅西尼贏得纏訟六年的官司，再度拿回終身年金，但他卻沒有回到音樂的世界。

羅西尼認真鑽研美食，不僅培育豬隻挖掘松露，還主掌名為「美食家天堂」的會員制餐廳。他研發出許許多多的料理，如今搭配松露和鵝肝的菲力牛排仍稱為「羅西尼風」。

一八六八年，羅西尼於七十六歲時辭世。不過他作為美食家飽嚐山珍海味的時間，遠比當作曲家大展長才的時間要來得長。就某種層面來說，他這輩子也算夠幸福的了。

埃德加・愛倫坡死前五天謎團重重

埃德加・愛倫坡是以奇幻文風聞名的美國作家，寫過許許多多的怪奇小說。尤其《莫爾格街凶殺案》更是史上第一部推理小說，為他贏得推理小說之父的美名。

推理小說最後往往都會解開謎團，不過愛倫坡死前五天之謎至今依然未解。

在討論愛倫坡的死之前，先來回顧他的學生時期。愛倫坡曾和戀人莎拉許下終生，可是她父親卻反對兩人交往。於是愛倫坡撕破寄給她的信，硬是逼她跟別人結婚。

之後愛倫坡寄居巴爾的摩姑媽家，開始執筆寫作。不過這時他對姑媽的女兒，也就是表妹維吉尼亞一見鍾情，兩人就此成婚。當時愛倫坡二十六歲，維吉尼亞十三歲。

雖然愛倫坡的作品逐漸受到文藝雜誌推崇，生活卻沒有因此穩定下來。隨著愛倫坡開始酗酒抽鴉片，日子又變得更加窮困。最後維吉尼亞罹患肺結核，在貧困中嚥下最後一口氣。由於兩人住的木造房屋裡沒有床和被子，當時維吉尼亞僅披著愛倫坡的大衣。

妻子的死讓愛倫坡更加沉溺於酒精之中。後來他心念一轉，決定回到故鄉里奇蒙好好生活。他在故里與初戀情人莎拉重逢，當時她已成為寡婦。

愛倫坡重燃愛火，熱烈地追求莎拉。雖然莎拉一開始猶豫不決，但她拗不過愛倫坡，便答應了他的求婚。於是愛倫坡喜孜孜地隻身前往紐約，準備在結婚前把工作處理完畢。

一八四九年九月二十七日，愛倫坡從里奇蒙乘船出發，預計隔天二十九日抵達巴爾的摩後，再開車前往紐約。

然而愛倫坡卻在十月三日被人發現醉臥巴爾的摩街頭，身上還穿著不屬於自己的衣物。他被送進醫院，在生死交關徘徊了四天，最後於十月七日清晨辭世。愛倫坡於九月二十九日抵達巴爾的摩，直到十月三日才被人發現，中間這五天到底發生了什麼事情，至今仍不得而知。

關於這點，坊間有幾個說法流傳。

其中最有力的是「監禁說」。十月三日適逢議會選舉的投票日。當時投票所不會嚴格確認身分，所以經常發生公然舞弊的行為。好比綁架監禁醉漢或流浪漢，到投票當天再逼迫他們換衣服連投好幾次票。據說愛倫坡也是犧牲者之一。

不過愛倫坡即將再婚，旅途中也不可能喝到不省人事、遭人綁票。而且愛倫坡在巴爾的摩有很多朋友，不可能沒人發現他被綁架了。

總之，他就這樣結束了命運多舛的一生。

詩人阿蒂爾．蘭波在美國從事軍火買賣

說到蘭波（編按：台灣又譯「韓波」）這個名字，現在幾乎都會想到身材壯碩的越戰軍人藍波，不過「流浪詩人」蘭波過去也很受歡迎，甚至還登上威士忌廣告。想必不少人都被那支廣告吸引，買下第一本蘭波的書。

阿蒂爾．蘭波一八五四年出生於法國，著有《地獄一季》、《彩畫集》等詩集。他實際寫詩的歲月，僅十六歲到二十歲之間的短短四、五年。

十六歲時，蘭波與同為詩人的保爾．魏爾倫同居，並於兩年後分手。接著加入荷蘭的外籍部隊派赴爪哇，卻厭倦軍旅生活，逃了回來。之後他當過馬戲團會計，隨團巡演北歐，還去賽普勒斯島當採石場監工，過著形同流浪的生活。

有一次，昔日友人見到蘭波，被他那黝黑精悍的外表嚇了一跳，不禁問道：「你沒寫詩了嗎？」聽說當時蘭波回答：「連想都沒想過。」

不過蘭波並非隨興而至，一個人到處旅行。他的流浪歷程有一定的實際考量。離開賽普勒斯後，蘭波暫時失去音訊，之後才出現在阿拉伯半島最南端的亞丁市。蘭波在這裡任職於法國人經營的貿易公司，經手咖啡豆和皮革的買賣。寄給家人的信裡，蘭波曾這麼描述：「亞丁是片寸草不生的荒涼岩地，連一滴淡水都沒有。」之後蘭波派赴阿比西尼亞（衣索比亞），充分發揮商人的手腕。接著又自立門戶，做起軍火生意。他率領一百隻駱駝小隊，將步槍和子彈強迫推銷給後來的阿比西尼亞皇帝。

這時以前出版的詩集開始大賣，他在法國文壇還算小有名氣。然而「備受注目的新銳詩人」卻早已封筆，在美國從事軍火買賣了。

不過蘭波最後不是死在美國。

某天，蘭波的右腳劇痛不止，在亞丁的醫院被診斷出罹患骨肉瘤。回國後他住進馬賽的醫院，卻因病情惡化做了截肢手術。可惜癌細胞早已轉移到全身，最後才三十七歲就過世了。

《少年維特的煩惱》作者歌德於七十四歲時向少女求婚

說到歌德就會想到《少年維特的煩惱》，不過實際上恐怕很少人看過維特的戀愛故事吧。在故事之中，維特喜歡上已有婚約的夏綠蒂，為沒有結果的戀情飽受煎熬，最後絕望自殺。

《少年維特的煩惱》於一七七四年出版，暢銷歐洲各地。人人爭相模仿主角，藍色燕尾服配黃色長褲的穿搭蔚為流行。而且受這波風潮影響，自殺者更急遽增加，造成社會現象。

這本小說改編自歌德的親身經歷。歌德曾愛上一位名叫夏綠蒂・布夫的女子。她不僅跟小說女主角同名，而且同樣已經訂婚。

無法如願的歌德曾考慮輕生，不過就在這時，一位朋友追求人妻不果而飲槍自盡。歌德從此事獲得靈感，一口氣寫出了《少年維特的煩惱》。

說得冠冕堂皇一點，這是把真實體驗昇華為作品，不過換個角度來看，也可以說是以朋友的死為題材寫書賺錢、博取名聲。總之，多虧寫出這本小說，歌德最後並沒有自殺。

而歌德始終是個多情男子。

繼夏綠蒂之後，歌德愛上了銀行員的女兒，可惜這次戀情無望開花結果。接著他又愛上男爵的妻子，寫了一千六百封信（！）寄給對方。

最後歌德終於開始以結婚為前提認真跟女性交往了。對象是在工廠工作的克里斯蒂安娜。當時歌德已是知名的大文豪，他愛上缺乏文化教養的工廠作業員後，世人都很關注這場戀情。經過十九年的同居，兩人於歌德五十七歲時結婚。

可是克里斯蒂安娜卻在十年後病死了。據說當時歌德倚著棺木嚎啕大哭。

本以為多情男子的故事就此結束，實際上卻非如此。去溫泉勝地療養時，歌德認識了一位名叫烏爾莉珂的少女。歌德對她迷戀不已，便透過朋友提出正式交往的要求，可是卻遭到她的母親反對。

這也難怪，畢竟歌德高齡七十四，兩人差了五十五歲之多！不過其實烏爾莉珂也愛慕著歌德。至此，歌德彷彿又找到人生的「春天」。

只是當時的社會風氣不容許女性自由戀愛。烏爾莉珂只好乖乖遵循母親「合理」的判斷。

據說每次見歌德的時候，烏爾莉珂一定會戴上石榴石戒指。石榴石象徵「堅貞」、「忠誠」，那正是她對歌德的心意。

在歌德八十二歲過世之前，烏爾莉珂從未脫下戒指，之後更終生未婚。

長期扶持梵谷的西奧，在兄長死後半年也跟著離世

有些藝術家生前就獲得很高的評價，備受世間注目，也有人沒沒無聞，直到死後才成名。

文森．梵谷就屬於後者。梵谷生前只賣出一幅畫。那幅畫名叫《紅色葡萄田》，於梵谷自殺前五個月售出，購買者還是朋友的妹妹。

在這種情況下，弟弟西奧不斷從物質和精神面上援助梵谷的生活。西奧小梵谷四歲，任職於伯父經營的藝術品交易公司。他深受伯父信賴，甚至受託管理巴黎本店。

順帶一提，梵谷成為畫家前，同樣在藝術品交易公司工作，卻因無故曠職而被開除。梵谷個性神經質，不擅於跟人來往，和家人也處不好，西奧可說是親戚中唯一理解他的人。

此外，西奧也擅長從商人的角度給予意見。梵谷早期風格陰沉灰暗，好比《吃馬

鈴薯的人》即是如此，這時西奧曾建議說：「最近巴黎流行鮮明的畫。」在某段時期，西奧還找哥哥來巴黎同住。

其實梵谷的創作活動僅短短十年。除了藝術品交易商外，他還當過老師、書店店員、聖職者等等，到二十六歲才立志成為畫家。

梵谷把完成的作品全送去給西奧，然而當時巴黎畫壇無法理解梵谷的才能，西奧的努力始終未能獲得成果。

晚年梵谷罹患精神疾病，為了治療，住過亞爾、聖雷米，以及巴黎郊外的歐韋。在最後的兩年半裡，梵谷共完成三百零四件作品。然而一八九〇年七月二十七日，他卻持槍朝自己的胸口射擊。兩天後，梵谷在弟弟的看照下辭世，卒年三十七歲。

西奧原本就體弱多病，哥哥的死讓他大受打擊，身體一天比一天虛弱。哥哥死後半年，他也在精神病院中過世。

如今兄弟兩人同葬在歐奧的墓地裡。

第6章

直到最後都不能錯過！「荒唐名人」震撼全世界的然後

惡名昭彰的紂王死後遭敵人砍頭毀屍

先說個題外話，「酒池肉林」的「肉」其實並非「肉慾」的「肉」，這句成語出自殷商紂王往池裡注滿大量的酒，以木枝串起肉乾造林的故事，用來形容極度奢侈的饗宴。

不過紂王的「酒池肉林」也同樣荒淫。他讓男女裸奔、自由交合，藉此觀賞取樂。

雖然有人認為紂王這麼做的目的並非消遣，而是為了祈請神明降臨，但事到如今，真相也無從得知了。

在中國史書《史記》中，紂王被描述成殘虐的暴君。

以「炮烙之刑」為例，紂王在銅柱表面抹油，逼人在上面行走，形式乍看之下類似綜藝節目的懲罰遊戲。不同的是，銅柱底下是熊熊火海。若是失足跌落便當場死亡，抱著銅柱同樣也會被烤熟。順帶一提，據說沒有人平安走完這段路。

由於擔心有人謀反，紂王接連處死了親信。叔父比干勸諫紂王中止炮烙之刑，然而紂王卻氣得脫口說：「傳聞聖人的心臟有七個洞，孤倒想看看呢。」下令將比干開膛挖心。

殘虐無比的處刑方式是古今恐怖政權的共通特徵，紂王更是恣意妄為。只要聽說哪個官員企圖謀反，紂王就直接把人抓起來醃以鹽醋、烈日曝曬，或者入鍋水煮。

最後紂王終於遭政敵武王討伐。武王的起義軍僅四千人，紂王卻坐擁七十萬大軍，不過其中大多都是奴隸，他們熱切歡迎武王軍到來。紂王心灰意冷，最終自焚身亡。

不過紂王罪行重大，死後當然不能輕易放過。武王下令搜出紂王的焦屍，在胸膛刺入三把箭，並以巨斧砍落首級，插在大旗桿前端高舉示眾。看到這幕景象，想必七十萬殷軍是歡聲雷動，更別說武王軍了。

後世有不少紀錄誇大了紂王的惡行惡狀。在《論語》之中，孔子的弟子也認為紂王不像世俗認為的那麼殘暴。

　　畢竟紂王是殷商最後的皇帝，對於之後取得政權的周朝而言，強調紂王的殘虐無道，也是為打倒紂王找個正當理由。不過那已經是遠在西元前十一世紀的事情了，真相根本無從得知。

儘管被逼得走投無路，暴君尼祿仍無法下定決心自殺

西元六四年七月的某一天，羅馬一隅竄起了大火。

起火地點是大競技場面巴拉丁諾山和西里歐山側。由於許多店家裡擺滿易燃物，火勢瞬間蔓延開來。再加上風勢強勁，大火不一會兒就籠罩了大競技場。之後火勢持續了好幾天，羅馬大多化為焦土。

經過這場大火後，人們傳言縱火者正是皇帝尼祿。

尼祿是出了名的殘虐暴君。不過，雖然他確實有許多奇妙之舉，例如和去勢的男性奴隸結婚、自行舉辦獨唱會獻唱等等，但暗殺處刑等血腥事件大多只跟政局相關，和市民沒有直接牽扯。

大火發生時，尼祿也盡責地開放自己的庭園，從近郊運來糧食援助被害者。

假使尼祿是縱火犯的話，動機會是什麼呢？

據說尼祿放火的目的是「都更」。他想把狹窄曲折的道路和不規則的住宅一掃而空，重新建設新的宮殿。而且有人聲稱看見尼祿高聲唱著〈特洛伊淪陷〉一曲，站在高台上滿意地看著熊熊大火中的羅馬。

涉嫌縱火的尼祿一時情急，採取了出乎意料的行動。他聲稱犯人是基督教徒，大肆搜捕信徒加以處死。當時基督教還沒什麼名氣，在信奉多神教的羅馬市民眼中，他們是少數派的異教徒。為了尋求市民的支持，尼祿讓他們當了代罪羔羊。

不過處刑方式卻極其殘暴，好比活活讓猛獸咬死，或者全身抹油釘在木樁上，再引燃當成柴火燒，這些舉措反而激起市民的反感。

最後一直受到打壓的元老院終於出面譴責，稱尼祿為「全民公敵」。尼祿只好帶著妻子和少數幾位臣子逃亡，躲到羅馬近郊的臣子家中，不過很快就被追兵發現並且包圍。

「到此為止了。」雖然臣子頻頻催促尼祿自行了斷，尼祿卻開始找藉口拖時間，說要挖洞下葬，或是準備火葬用的薪柴等等。到了最後一刻，他甚至還要部下先死。

經旁人好說歹說，尼祿總算把刀抵在脖子上，可是他依然無法下定決心。據說最後還是家臣幫了一把才死成，真是死得不乾不脆的暴君呢。

「黑幫老大」艾爾・卡彭竟成為模範囚犯

電影《鐵面無私》中，四十三歲的勞勃・狄尼洛剃頭飾演艾爾・卡彭。卡彭成為黑幫老大時年僅二十多歲，被捕入獄則是三十二歲的時候。眉毛粗密的他總是身穿兩件式西裝，霸氣地叼著雪茄，怎麼看都不像是才近三十歲的人。

在美國禁酒法時代，卡彭一手掌握了私酒的製造及販售，同時收買市長、警察署長、法官，建立起龐大的帝國。不過這當然不是因為經營手段高超的緣故，而是他毫不留情地殲滅敵對勢力，將權力攬於一身。據說他促成的謀殺案多達四百件以上。

其中以「情人節大屠殺」最為有名。

在一次地盤鬥爭中，卡彭的手下喬裝警官，突襲了瘋子莫蘭的六名手下。當時碰巧在場的男性眼鏡店店員遭波及犧牲。這起事件發生後，輿論開始強烈譴責卡彭，警察也終於正式展開逮捕行動。

一九二〇年，卡彭因逃漏稅被捕入獄。由於先前多起謀殺案皆是手下動手，卡彭一直靠著巧妙的不在場證明逍遙法外。情人節大屠殺當時，卡彭也在佛羅里達接受偵訊。

警察只好放棄以殺人罪嫌逮捕卡彭，改用逃漏稅的名義將他定罪。雖然卡彭神通廣大，卻不至於連稅務署都收買了。

於是卡彭被判處十一年徒刑，關在絕對不可能逃獄的阿爾卡特拉斯聯邦監獄。

出乎意料的是，卡彭竟成了安分守己的模範囚犯。

卡彭入獄後成了「八十五號囚犯」，並且被指派修鞋的工作，一天要用電動縫紉機縫合鞋底八個小時。

而他的態度也轉趨低調，其他囚犯還敢嗆他：「死胖子，把酒跟女人藏哪兒去了！」

此外，卡彭更因為沒有參加囚犯要求改善待遇的罷工行動而與人結怨，遭對方持刀械刺傷。不過卡彭仍維持良好素行，成功將刑期縮短至七年，於四十歲時獲得假釋。

其實卡彭入獄前得了梅毒。他在獄中病情惡化，不時脫口說出意義不明的話。或許也是因為病情漸趨嚴重的關係，有時他受不了獄友的羞辱霸凌，蒙著毛毯獨自啜泣。

卡彭出獄後並沒有回到芝加哥，而是帶著妻子兒女移居佛羅里達療養，之後八年都在那裡過著平靜的日子。

一九四七年，卡彭併發腦中風及肺炎，在家人的看顧中過世。隔天紐約時報用整版報導他的死訊，標題是「惡夢終結」。

緝捕卡彭的禁酒局調查官死於酗酒

電影《鐵面無私》的主角當然不是艾爾．卡彭，而是緝捕卡彭的財政部調查官艾略特．內斯。「鐵面無私」乃是用來形容凱文．科斯納飾演的內斯，以及他任命的九人特搜小組。

雖然電影演到內斯舉發卡彭就結束了，但現實中還有後續。內斯充滿野心，期望藉著舉發卡彭的功勞當上聯邦調查局（FBI）調查官，然而當時的長官卻對推薦信視而不見。據說長官因為自己未能逮捕卡彭，對內斯格外眼紅。

事實上，舉發卡彭也未必真的是內斯的功勞。

當初任命內斯的是司法部檢察官喬治．約翰遜。約翰遜從兩個方向緝捕卡彭，也就是違反所得稅法與違反禁酒法。內斯是負責後者的禁酒局調查官，然而卡彭卻是因為逃漏稅被捕。

有人認為約翰遜利用野心勃勃的內斯吸引卡彭注意，在這段期間暗中取得帳冊徹查逃漏稅的證據。這項作業相當耗時費工，為避免卡彭發現，約翰遜才拿內斯作為誘餌。

雖然這次沒能成為兒時嚮往的ＦＢＩ調查官，但內斯之後當過芝加哥及俄亥俄州禁酒局的首席調查官。禁酒法廢止後，一九三五年，他又當上克里夫蘭的公共治安本部長。

此時，內斯遭逢命運的轉折。

內斯上任三個月前，克里夫蘭發生了震撼全美的事件。當地發現一具男性無頭裸屍，開啟了一連串日後被稱為「克里夫蘭碎屍案」的連續命案。由於「舉發卡彭的內斯」親自出馬，這起案件備受世人注目。

然而調查卻毫無進展，案子始終沒破。全案共有十二名犧牲者，屍體全被斷頭，至今仍有幾人查不出身分。

焦急的內斯訴諸強硬手段，放火燒毀遊民居住的區域，並接連逮捕與事件無關的居民，導致風評越來越差。而且他還酒醉後肇事逃逸。

前禁酒局調查官竟酒後肇事，這簡直丟臉至極。於是內斯辭去治安本部長一職，就此從檯面上消失。

幾年後，有個男人每晚出現在郊區酒館，一喝醉就吹噓自己逮到了卡彭。那是內斯。此時，體育記者奧斯卡・弗雷利接近內斯，問他是否有意出版自傳。

弗雷利以內斯親身經歷寫成的自傳，正是之後翻拍成熱門劇集及電影《鐵面無私》的原型。凱文・科斯納飾演的英雄「艾略特・內斯」即源自於此。

可惜的是，在出書之前，內斯本人就因心臟病發去世了。據說當時他正在廚房裡調製威士忌兌蘇打水。最後版稅拿來清償他生前積欠的債務。

卡薩諾瓦晚年是個孤僻又落伍的老人

卡薩諾瓦是粗鄙、放蕩、浪蕩的代名詞。換作現代的話，大概就像少女漫畫裡出現的歌舞伎町第一紅牌牛郎吧。就遺留的肖像畫來看，他的確是個十足的美男子。

不過卡薩諾瓦本人跟那種刻板形象不太一樣。

一七二五年，卡薩諾瓦出生於威尼斯，就讀義大利理工科最高學府帕多瓦大學，學習倫理學、化學、數學及法律，十六歲便獲得法學博士頭銜。世上根本找不到這種牛郎。

回到威尼斯後，卡薩諾瓦在教會處理法律實務，同時逐漸展現風流才子的本質。他跟許多女人交往，當過基層士官、小提琴家、外交官、賭徒、醫生、劇作家，還在全歐洲四處遊歷，足跡遍及巴黎、德勒斯登、維也納、布拉格等地。仔細一算，與他上過床的女性竟超過一千人！

這些事情都詳記在他後來著作的回憶錄《我的一生》當中。

卡薩諾瓦不僅有教養，精通各國文化，又有熱愛自由的靈魂，當然不可能不得女性芳心。不過從著作中也看得出他總是誠摯地對待女性，並非只把她們當成歡愛的對象。

例如他曾盛讚某位女性的才氣，還說：「比起夜裡擁抱著妳，白天互相傾訴時更讓我感到幸福。」

不過卡薩諾瓦也敵不過「衰老」的宿命。

過了六十歲之後，卡薩諾瓦受雇於奧地利伯爵，在圖書館當管理員。紀錄中這樣描述他：

「他一生氣，大家都笑了。無論是朗讀自己寫的詩，還是宛如參加舞會的鞠躬方式，都讓人不禁發笑。」

這正是雇主伯爵寫的。與其說是受雇，毋寧說卡薩諾瓦可能更近似於被收留。

卡薩諾瓦也常抱怨狗太吵、暖爐太熱、伯爵早上沒打招呼等等，死皮賴臉地要求每天吃一次義大利麵。簡單來說，就是個孤僻的碎嘴老人。

作。

在這種情況下，卡薩諾瓦開始埋首撰寫《我的一生》，藉此排遣寂寞。

這套回憶錄一直寫到他七十三歲過世為止，共有十二集，是多達三千五百頁的大

風靡一世的設計師香奈兒以七十一歲高齡重返時尚界

巴黎麗思卡爾頓飯店的「香奈兒套房」至今仍炙手可熱，怎麼樣都訂不到。據說可可・香奈兒長年住在這個面向旺多姆廣場的別緻套房。不過香奈兒八十七歲辭世時，人卻不在這個房間裡。

可可・香奈兒於一九一〇年首度發表時尚系列，隨即造成大轟動。

「我不是創造流行，而是創造風格。」

如同後來香奈兒本人所言，她的設計改變了女性的生活方式。

過去女性總是綁著束腰，頭戴大帽子，香奈兒認為這種不易活動的穿著限制了女性。隨著第一次世界大戰爆發，男性紛紛上場作戰，女性開始進入職場工作。這時，香奈兒發表了質地輕盈、方便活動的針織布洋裝，為她贏得「讓女性獲得自由」的美名。

另外，香奈兒還首創許多蔚為風行的概念。例如褲裝、短髮、單肩包等等，這些在現今已是理所當然的事情，在香奈兒之前卻從未見過。

第二次世界大戰前一年，大受歡迎的「香奈兒」成長為員工總數四千人的大企業。

然而戰爭再度爆發後，她卻收掉了香水和飾品以外的部門。理由是「不可能有人在戰爭期間買衣服」。之後有人指稱香奈兒成為德國將校的愛人，暗中從事諜報活動。因此，戰後香奈兒只好逃亡瑞士，形同從時尚界引退。

不過香奈兒卻在一九五四年回到巴黎，宣告重返時尚界。這顯然是魯莽的決定。巴黎時尚界早已新銳輩出，就算過去曾風靡一世，時尚界哪還容得下七十一歲的設計師。

有一次，私交甚篤的大明星瑪琳．黛德麗問香奈兒：「為什麼又做這種麻煩事呢？」她回答：「因為我覺得很煩。」

當時新銳設計師克里斯汀．迪奧掀起「新風貌」旋風。迪奧的設計仿效十六世紀後的禮服樣式，將腰身收細，強調女性特質。香奈兒非常不喜歡這種設計。

結果香奈兒輸慘了。看到歐洲報界的嚴厲批評，香奈兒難掩心中的打擊。

不過時尚秀最後一天，香奈兒的設計受到當時婦女解放運動盛行的美國注意。《生活雜誌》盛讚「簡單優雅，觸感舒適」。不久，巴黎的評價也為之扭轉，香奈兒再度重登巴黎時尚界龍頭，此後十六年一直活躍線上。

一九七一年一月十日星期日，跟朋友到賽馬場散完步回飯店房間時，香奈兒突然表示呼吸困難，就這樣過世了。當時她住的並非以前的套房，而是靠近康明路那側，附有衛浴廚房的小房間。

眼看又要忙著準備新時尚系列了，她卻在前一天驟然猝逝。

天才西洋棋手巴比・費雪失蹤時曾躲藏在東京蒲田

就某種層面來說，出生美國的巴比・費雪或許跟前述的蘇聯太空人加加林很像。費雪不僅是天才，不，正因為如此，他才會被捲入蘇聯冷戰，過著坎坷的人生。

費雪六歲時開始接觸西洋棋。沒多久他就展現天分，十五歲便創下史上最年輕特級大師的紀錄。

之後費雪更在全國大賽中連續贏得八次冠軍。他不僅實力堅強，更獨創「棄后」等天才絕技，把最強的皇后當作棄子，徹底剷除所有強敵。

一九七二年，一場「世紀對決」展開了。

當時的世界冠軍是蘇聯的鮑里斯・斯帕斯基。第二次世界大戰之後，蘇聯一直獨佔西洋棋的冠軍寶座，加上適逢冷戰期間，眼看敵國不斷出現「全球最優秀的頭腦」，美國國民當然覺得不是滋味。

在冰島首都雷克雅維克舉行的西洋棋世界冠軍賽相當於美蘇的「代理人之戰」，備受東西方各國注目。最後費雪贏得這場對戰，被奉為全民英雄。

三年後，費雪本應以冠軍之姿展開保衛戰，卻因為不滿棋聯的營運理念而放棄出賽，遭剝奪冠軍頭銜，從此了無音訊。

之後的隱遁生活充滿謎團，還有人說他過著形同遊民的生活。他經常上電台，對猶太人做出歧視性發言，不過他本身也有猶太人血統。

一九九二年，為了再度迎戰斯帕斯基，費雪暌違二十年復出棋壇。這次費雪又擊敗了斯帕斯基。

不過舉行比賽的南斯拉夫因為波士尼亞問題，遭美國以經濟制裁打壓。美國認為費雪在這裡參賽受獎違反國際制裁令，便剝奪了他的美國國籍。因政治因素成為「全民英雄」的男人，這回又因為其他政治因素變成「全民公敵」。

於是費雪再度過著隱遁生活。這時他輾轉流亡匈牙利、瑞士、香港等地，並於二〇〇〇年造訪日本，停留在大田區的蒲田。

二〇〇四年，費雪來到成田機場，準備出境前往菲律賓，卻因為涉嫌違反入境管理法遭到收押，消息頓時傳遍全球。

雖然美國要求將人引渡回國，但職業將棋棋手羽生善治十分敬重費雪，便展開援助行動，讓他獲得冰島政府的接納。

二〇〇八年，費雪於冰島辭世。流亡世界的天才就此結束了六十四年的一生。

成為迪士尼女主角的寶嘉康蒂赴英後怎麼樣了？

有別於白雪公主和冰雪奇緣，迪士尼動畫電影女主角寶嘉康蒂是真實存在的人物。或者該說角色原型取材自真實人物，畢竟故事情節和史實相去甚遠。

由於時代久遠，沒留下可信度高的紀錄，寶嘉康蒂的出生年份也不確定。不過寶嘉康蒂傳聞中的一生並不像電影那樣浪漫。

寶嘉康蒂為印第安包華頓族酋長之女，本名瑪托阿卡。寶嘉康蒂是外號，意指「小淘氣」。

十七世紀初，英國、法國、荷蘭爭相前來美洲大陸殖民，為了爭奪印第安原住民的土地而紛爭不斷。

約翰·史密斯的移民隊也來到了包華頓族的土地上。包華頓族原本打算與之建立友好的關係，但當時歐洲人視原住民為「未開化的野蠻人」，試圖以武力鎮壓他們。

在這種情況下，史密斯因入侵包華頓族的土地被俘。相傳當時酋長下令處死史密斯，多虧有寶嘉康蒂求情才保住一命。

不過接下來英國人卻誘拐了寶嘉康蒂，企圖脅持酋長的女兒作為交涉的籌碼。這時，寶嘉康蒂與一位殖民者約翰．羅爾夫相戀，兩人結婚生子，後來前往約翰出生的英國，努力為美洲原住民與英國建立良好關係。

不過這顯然不合邏輯。

認識約翰．羅爾夫時，寶嘉康蒂僅十到十二歲左右。根據約翰的日記，其實寶嘉康蒂是遭到強暴才懷孕。而為了籠絡整個部族，婚後更被迫改信基督教。

她是否自願前往英國也很難說。說是為了利用她才帶去英國反而更為合理。

寶嘉康蒂只在英國停留不到一年。一六一七年，她再度乘船回美洲，然而途中卻染上天花，沒能離開英國就過世了。據說這時她才大約二十二歲。

揭露毛澤東有性成癮症，該親信下場啟人疑竇

世界史裡出現過許多政治家和偉人，有英雄甘地，也有惡徒希特勒，當然還有毀譽參半的人物。在這之中，恐怕沒有人評價比毛澤東更兩極吧。

毛澤東是中華人民共和國的建國者，也是首任國家主席。沒有他，或許就沒有今天的中國。就這個層面來說，他確實有資格被稱為民族英雄。不過之後的統治手段至今仍充滿爭議。

為了打造沒有階級的新共產主義社會，毛澤東強制推行大躍進、文化大革命等政治運動，可是結果卻不如預期。反對的政治家和知識份子悉數遭到肅清，總數超過五十萬人。加上農業政策失敗，推測共有超過兩千萬人餓死，毛澤東因此被批評是殺害國民的罪犯。

總之，毛澤東是實質上的獨裁者。跟其他許多獨裁者一樣，他私底下也是「為所

欲為」。

其中最荒唐的是性生活。好比命令女性在溫水游泳池內裸泳取樂，或是每週找舞團的女性開兩次舞會，只要看上眼就帶進寢室，這些已是司空見慣的事情了。據說舞會會場旁的房間裡更備有專供毛澤東「休息」的床鋪。

毛澤東這些不為人知的私事，日後遭到他晚年的主治醫生李志綏所揭露。根據李志綏的說法，與其說毛澤東放浪形骸，不如說他是性成癮。毛澤東認為性慾是衡量生命力的尺度，失去性慾就等於失去生命力。

不過李志綏的著作《毛澤東私人醫生回憶錄》並非只揭露性醜聞。書中更詳實描述他身為親信的所見所聞，包含毛澤東真實的一面，以及中國共產黨的內幕。例如參加韓戰全是毛澤東的一意孤行，以及突然砲轟金門馬祖，藉此嘲諷試圖緩和美蘇緊張關係的赫雪魯夫，書中內容耐人尋味。想當然，中國當局指此書乃「憑空捏造」，全面禁止在國內出版。

作者李志綏的下場也十分詭異。

一九九四年《毛澤東私人醫生回憶錄》於美國出版後，隨即造成大轟動。隔年，李志綏召開記者會，宣布將出版描述中國共產黨更多內幕的續集。不料過了兩個星期，卻在他芝加哥的自家浴室中發現了李志綏的屍體。

經ＣＩＡ調查，表示其死因為「心臟病發」。李志綏生前說過：「就算我死了，這本書也會留下來。」

順帶一提，毛澤東晚年罹患肌萎縮側索硬化症，全身動彈不得，最後於一九七六年八十二歲時結束了一生。

遺體經防腐處理，至今仍安置在「毛主席紀念堂」內。

瞻仰廳對外開放，任何人皆可付費入內參觀。

參考資料

本書參考以下文獻資料——

書籍

《世界史的睿智　反派、名配角篇》木村凌二（中央公論新社）
《寫給大人看的偉人傳記》木原武一、《續　寫給大人看的偉人傳記》木原武一（新潮社）
《危險的世界史》中野京子（角川書店）
《羅伯特・虎克　被牛頓抹消的男人》中島秀人（朝日新聞社）
《莫札特的浮腫　檢視十二位歷史人物之死》Philip A. Mackowiak 著，小林力譯（中

央公論社）
《新版世界史人名辭典》水村光男（山川出版社）
《世界史名人的晚年》「歷史讀本」編輯部（編著）（新人物往來社）
《被埋藏起來的世界史》庄司淺水（社會思想社）
《新版歷史毒本》山本茂（光文社）
《驚奇偉人傳記　天才篇》山口智司、《驚奇偉人傳記　作家篇》山口智司（彩圖社）
《越了解越有趣　五十個世界史之謎》「歷史懸案」俱樂部、《輕鬆了解世界史之謎》「歷史懸案」俱樂部（三笠書房）
《世界史不曾提及的神祕後續》雜學總研（KADOKAWA）
《不為人知的世界史　那個人的「謝幕」》歷史之謎研究會（編著）（青春出版社）
《學校沒教的世界史》歷史奇聞探究會（編著）（扶桑社）
《日本人不知道的世界趣史》「歷史真相」研究會（寶島社）
《世界史　懸案資料簿》世界博學俱樂部、《世界史　未解決事件資料簿》日本博學俱樂部、《世界「美女與惡女」詳解》島崎晉監修，世界博學俱樂部、《「世界英雄」詳解》寺澤精哲監修、《那位歷史人物意想不到的下場》日本博學俱樂部、《圖說　歷史意外的結局》日本博學俱樂部（ＰＨＰ研究所）

《神祕殺人檔案》瑞穗玲子、《毒殺世界史》瑞穗玲子、《悲劇世界史》瑞穗玲子、《那個人「後來」怎麼了？》歷史之謎探究會（編著）、《醜聞世界史》早見正臣、《世界名人的祕密》驚奇檔案情報局（編著）、《學校不能教的世界史》歷史之謎探究會（編著）、《令人戰慄的恐怖世界史》歷史之謎探究會（編著）（河出書房新社）

網站

GEORGE WASHINGTON'S MOUNT★VERNON

THE NEW YORK TIMES 等等。

國家圖書館出版品預行編目資料

走下歷史舞台之後：世界史裡忘了講的結局／歷史之謎探討會 著 黃健育 譯.
-- 初版. -- 臺北市 ：商周出版：家庭傳媒城邦分公司發行, 民108.07
面： 公分
譯自：世界史ウソみたいなその後：歴史は、語られない"ラスト"が面白い
ISBN 978-986-477-691-7（平裝）
1. 世界史 2. 通俗作品
711
108010330

走下歷史舞台之後：世界史裡忘了講的結局

原著書名／世界史ウソみたいなその後：歴史は、語られない"ラスト"が面白い
作　　者／歷史之謎探討會
譯　　者／黃健育
企畫選書／洪偉傑
責任編輯／楊如玉

版　　權／黃淑敏、邱珮芸
行銷業務／莊英傑、李衍逸、黃崇華
總 經 理／彭之琬
事業群總經理／黃淑貞
發 行 人／何飛鵬
法律顧問／元禾法律事務所 王子文律師
出　　版／商周出版
城邦文化事業股份有限公司
臺北市中山區民生東路二段141號9樓
電話：(02) 2500-7008 傳眞：(02) 2500-7759
E-mail：bwp.service@cite.com.tw
Blog：http://bwp25007008.pixnet.net/blog
發　　行／英屬蓋曼群島商家庭傳媒股份有限公司城邦分公司
臺北市中山區民生東路二段141號2樓
書虫客服服務專線：02-25007718・02-25007719
24小時傳眞服務：02-25001990・02-25001991
服務時間：週一至週五09:30-12:00・13:30-17:00
郵撥帳號：19863813 戶名：書虫股份有限公司
讀者服務信箱E-mail：service@readingclub.com.tw
歡迎光臨城邦讀書花園 網址：www.cite.com.tw
香港發行所／城邦（香港）出版集團有限公司
香港灣仔駱克道193號東超商業中心1樓
電話：(852) 25086231 傳眞：(852) 25789337
馬新發行所／城邦(馬新)出版集團 Cité (M) Sdn. Bhd.
41, Jalan Radin Anum, Bandar Baru Sri Petaling,
57000 Kuala Lumpur, Malaysia
電話：(603)90578822 傳眞：(603) 90576622

封面設計／李東記
排　　版／新鑫電腦排版工作室
印　　刷／高典印刷有限公司
經 銷 商／聯合發行股份有限公司
電話：(02) 29178022 傳眞：(02) 29110053
地址：新北市231新店區寶橋路235巷6弄6號2樓

■2019年（民108）7月初版
定價 340元

Printed in Taiwan
城邦讀書花園
www.cite.com.tw

ISBN 978-986-477-691-7

廣　告　回
北區郵政管理登記
台北廣字第00079
郵資已付，免貼郵

104台北市民生東路二段141號2樓

英屬蓋曼群島商家庭傳媒股份有限公司　城邦分公

請沿虛線對摺，謝謝！

書號：BK5148　　**書名**：走下歷史舞台之後　　**編碼**：

請於此處用膠水黏貼

商周出版

讀者回函卡

感謝您購買我們出版的書籍！請費心填寫此回函卡，我們將不定期寄上城邦集團最新的出版訊息。

不定期好禮相贈！
立即加入：商周出版
Facebook 粉絲團

姓名：＿＿＿＿＿＿＿＿＿＿ 性別：□男 □女

生日：西元＿＿＿＿年＿＿＿＿月＿＿＿＿日

地址：＿＿＿＿＿＿＿＿＿＿

聯絡電話：＿＿＿＿＿＿＿＿ 傳真：＿＿＿＿＿＿＿＿

E-mail：

學歷：□ 1. 小學 □ 2. 國中 □ 3. 高中 □ 4. 大學 □ 5. 研究所以上

職業：□ 1. 學生 □ 2. 軍公教 □ 3. 服務 □ 4. 金融 □ 5. 製造 □ 6. 資訊
□ 7. 傳播 □ 8. 自由業 □ 9. 農漁牧 □ 10. 家管 □ 11. 退休
□ 12. 其他＿＿＿＿＿＿＿＿

您從何種方式得知本書消息？

□ 1. 書店 □ 2. 網路 □ 3. 報紙 □ 4. 雜誌 □ 5. 廣播 □ 6. 電視
□ 7. 親友推薦 □ 8. 其他＿＿＿＿＿＿＿＿

您通常以何種方式購書？

□ 1. 書店 □ 2. 網路 □ 3. 傳真訂購 □ 4. 郵局劃撥 □ 5. 其他＿＿＿＿

您喜歡閱讀那些類別的書籍？

□ 1. 財經商業 □ 2. 自然科學 □ 3. 歷史 □ 4. 法律 □ 5. 文學
□ 6. 休閒旅遊 □ 7. 小說 □ 8. 人物傳記 □ 9. 生活、勵志 □ 10. 其他

對我們的建議：＿＿＿＿＿＿＿＿＿＿

請於此處用膠水黏貼